江苏地方文化名片丛书

丛书主编 刘德海　本卷主编 赵正兰

宿迁西楚文化

力拔山兮气盖世
时不利兮骓不逝
骓不逝兮可奈何
虞兮虞兮奈若何

南京大学出版社

图书在版编目（CIP）数据

宿迁西楚文化／赵正兰主编. —南京：南京大学
出版社，2015.12

（江苏地方文化名片丛书／刘德海主编）

ISBN 978 - 7 - 305 - 16306 - 7

Ⅰ. ①宿… Ⅱ. ①赵… Ⅲ. ①文化史−宿迁市 Ⅳ.
①K295.33

中国版本图书馆 CIP 数据核字(2015)第 313689 号

出版发行　南京大学出版社
社　　址　南京市汉口路 22 号　　　　邮　编 210093
出 版 人　金鑫荣
丛 书 名　江苏地方文化名片丛书
丛书主编　刘德海
书　　名　**宿迁西楚文化**
主　　编　赵正兰
责任编辑　孟庆生　荣卫红　　　　编辑热线　025 - 83593963
照　　排　南京紫藤制版印务中心
印　　刷　常州市武进第三印刷有限公司
开　　本　787×960　1/16　印张 12.5　字数 186 千
版　　次　2015 年 12 月第 1 版　2015 年 12 月第 1 次印刷
ISBN　978 - 7 - 305 - 16306 - 7
定　　价　28.00 元

网址：http://www.njupco.com
官方微博：http://weibo.com/njupco
官方微信号：njupress
销售咨询热线：(025)83594756

《江苏地方文化名片丛书》

宿迁西楚文化

主　编　赵正兰

副 主 编　周长胜　陈法玉(执行)

项王故里景区门前广场项羽雕像

戏下分封群雕

虞姬抚琴

盖世阁

/总　序

赓续江苏人文精神之脉

王燕文

　　文化自觉支撑国家民族的兴盛,文化自信激发社会进步的活力。习近平总书记深刻指出,中华优秀传统文化是中华民族的精神命脉,是涵养社会主义核心价值观的重要源泉,也是我们在世界文化激荡中站稳脚跟的坚实根基。高度重视文化建设,大力弘扬优秀传统文化,是历史和时代赋予的责任担当。

　　一方水土养育一方人。江苏地处中国东部美丽富饶的长江三角洲,山水秀美,人杰地灵,文教昌明,有着六千多年有文字记载的文明史。在漫长的历史演进中,这片文化沃土不仅产生了众多的闪耀星空的名家巨匠和流芳千古的鸿篇巨制,而且孕育了江苏南北结合、兼容并蓄、博采众长、和谐共融的多元文化生态,形成了吴文化、金陵文化、维扬文化、楚汉文化和苏东海洋文化五大特色区域文化。绅绎这一颗颗文化明珠,光彩夺目,各具特质:以苏、锡、常为中心区域的吴文化,聪颖灵慧,细腻柔和,饱蘸着创新意识;以南京为中心区域的金陵文化,南北贯通,包容开放,充盈着进取意识;以扬州为中心区域的维扬文化,清新优雅,睿智俊秀,体现着精致之美;以徐州为中心区域的楚汉文化,气势恢宏,尚武崇文,彰显着阳刚之美;以南通、盐城、连云港为中心区域的苏东海洋文化,胸襟宽广,豪迈勇毅,富有开拓精神。可以说,不同地域文化在江苏大地交融交汇,相互激荡,共筑起江苏厚德向善、勇于进取、敏于创新的人文精神底蕴。

　　多元文化,共生一地;千年文脉,系于一心。地方文化是区域发展的文化

"身份证"，更是整个中华民族的文化基因，展现了我们优秀传统文化生生不息的创造力。在构筑思想文化建设高地和道德风尚建设高地的新征程上，我们要以科学的态度对待传统文化，坚持古为今用、推陈出新，有鉴别地加以对待，有扬弃地予以继承，进行创造性转化、创新性发展，将其中积极的、进步的、精华的元素予以诠释、转化和改铸，赋予其新的时代内涵。只有以文化人、以文励志，力塑人文精神，标高价值追求，提升文明素养，才能涵育出地域发展令人称羡和向往的独特气质。只有以敬畏历史、服膺文化之心，精心保护地方文化遗产，充分挖掘地方文化资源，切实加强地方文化研究，才能传承赓续好人文精神之脉，增强人们对家国本土的文化认同、文化皈依，与时俱进地释放出应有的价值引导力、文化凝聚力和精神推动力。

令人欣慰的是，省社科联和各市社科联以强烈的责任感使命感，组织省内有关专家学者协同编撰了 13 卷《江苏地方文化名片》丛书。丛书按 13 个省辖市的行政区划，一地一卷，提纲挈领，博观约取，独出机杼，既总体上为每个市打造一张具有典型性、代表性的文化名片，又个性化呈示各市文化最具特色的亮点；既综合运用历史学、社会学、经济学和文化学等多学科视角，对富有地方特色的文化资源进行了系统梳理、深度挖掘和科学凝练，又以古鉴今，古为今用，面向未来，做到历史与现实、理论与实践的交集，融学术性与普及性为一体，深入浅出，兼具思想性与可读性。丛书的推出，有裨于读者陶冶心灵，体味地方文化历久弥新的价值，也将对江苏传统文化的传承与研究起到积极示范作用。

不忘本来，开辟未来。植根文化厚土，汲取文化滋养，提升人文精神，促进人的全面发展和人的现代化，这是江苏文化建设迈上新台阶、实现"三强两高"目标的责任所在。我们要进一步加大力度推动江苏优秀传统文化、地方文化在保护中传承，在传承中转化，在转化中创新，让丰沛的江苏历史文化资源留下来、活起来、响起来，着力打造更多走向全国乃至国际的江苏文化名片，为"强富美高"新江苏建设提供生动的文化诠释和有力的文化支撑！

（作者为中共江苏省委常委、宣传部部长）

目录

绪

论

两千多年前,西楚霸王项羽诞生在宿迁。宿迁作为西楚霸王项羽的故乡,是以项羽事迹为核心内容的西楚文化的发祥地和中心地。西楚文化历史源远流长,西楚文化内涵丰富而又颇具特色。项羽短暂而辉煌的一生,既让人敬仰爱戴,也让人扼腕叹息。他那无所畏惧的英雄气概、悲悯天下的博大情怀、诚信仁爱的精神品质、生死与共的传奇爱情,永远燃放着生命的火焰,闪耀着人性的光芒,历尽千秋依然闪烁在历史的字里行间。

西楚文化是宿迁文化的核心和品牌,发掘研究和继承弘扬西楚文化,既具有历史文化意义,又能为地方经济社会发展提供软实力基础,同时也是通过文化传承彰显时代精神的具体体现。

西楚文化是宿迁最宝贵的精神财富

中国科技大学宁业高教授在西楚文化研究中,对西楚文化的核心历史人物项羽进行了全面的研究,他在《项羽的人格魅力及其现实意蕴》一文中,归纳项羽具有九大品格,即大勇无畏的军人品格、大责无贷的统帅品格、大仁无垢的明君品格、大诚无奸的良友品格、大爱无伪的丈夫品格、大敬无欺的子弟品格、大成无狂的王者品格、大败无悲的英雄品格、大公无私的圣贤品格。①这九大品格既是对项羽品格的全面揭示，也是对西楚文化核心内涵的生动诠释。

项羽的一句"力拔山兮气盖世"，把自己一生勇猛豪爽、叱咤风云的气概生动地显现了出来，成为千古传唱的英雄之歌。历史是人类不断发展与进步的过程，在历史的传承过程中，文化的发展从未中断。纵使时代变迁，西楚文化仍然会穿越千年，在宿迁这片土地上风华绽放。正如作家王清平说的那样："西楚文化在宿迁大地上从未中断过，每一个宿迁人的血脉中都镌刻着西楚文化的痕迹。2000多年前西楚人身上所兼具的'积极进取、革故鼎新、开放融合、至死不屈'的西楚文化精髓和项羽身上迸发出来的这种'拔山扛鼎'的精神，如今已成为宿迁人的精神特质，这就为'宿迁精神'的孕育提供了丰厚的养分。"②

精神是一个人前进的动力，一个城市发展的灵魂。一个没有精神支撑的人是可悲的，一个没有精神支柱的城市是没有希望的。而在宿迁这座城市，处处充满了激情，处处洋溢着昂扬向上的气息。"团结奋进、敢试敢闯、务实苦干、自立自强"，这16个字就是当下这座城市精神的最好概括。

新中国成立后，宿迁人依旧传承着古时西楚人的精神，积极投入到社会主义建设中。先后涌现出了"沂涛精神"、"春到上塘"、"耿车模式"等一系列改革、发展、创新的典型。在历史发展中，西楚文化的精神被不断传承，也被不断地赋予新的内涵。作为一个经济欠发达地区，1996年宿迁建市后，可谓是一切从零开始。这时候的宿迁人发扬"不等、不靠、不要"的作风，秉承着古楚先民"筚路蓝缕，以启山林"的创业精神，开始了艰难的创业历程。从建市初的艰苦奋斗、锐意改革，到"生态为归宿，创业求变迁"的宿迁城市精神；从"素质全面，引领潮流"的第三种特质的塑造，到"我能我行我成功，创业创新创一流"的宿迁气质，西楚文化精神被不断地赋予新的内涵。宿迁人身上有

---

① 参见宁业高：《项羽的人格魅力及其现实意蕴》，见《项羽研究》（第1辑），凤凰出版社2011年版。

② 高辉：《王清平：西楚文化孕育宿迁精神》，《宿迁日报》2012年9月18日。

着不屈不挠、自立自强的精神,有着"敢教日月换新天"的雄心壮志,也有着与人交往诚实守信的原则。这就是在西楚文化影响下,当下宿迁人共有的精神面貌。

宿迁作为项羽的故乡,历来十分重视对西楚文化的研究和传承。1996 年建立宿迁地级市以后,西楚文化的研究发展进入到了一个新的阶段。2010 年 6 月,宿迁成立了省级项羽文化研究会,北京大学历史系教授岳庆平担任会长。研究会成立以来,先后召开了三次国际性的理论研讨会,涌现出了一大批颇具水准的研究成果,为西楚文化研究开辟了更加广阔的空间。近年来,研究会重点研究项羽的历史贡献和历史地位、项羽的人格魅力和精神意蕴、项羽的性格特征与思想情怀等方面,以全新的解读和认知让人们领略西楚文化的精髓。2011 年,宿迁又在最早建于清康熙年间的"项王故里"的基础上,结合景区周边棚户区改造工程,投资 40 亿元对原来的景区进行修建提升。现在,占地 65.35 公顷、总建筑面积 33.14 万平方米的新景区已经建成,年接待游客量达到 80 万人次。新景区注重挖掘项羽文化、西楚文化的内涵,着力打造成集城市商业、文化、娱乐休闲等功能于一体的旅游综合体。始于 2008 年的每年一度的西楚文化节以"传承西楚文化、展示魅力宿迁、推动跨越发展"为主题,活动内容丰富多彩,真正办成了群众的节日、文化的盛宴。更重要的是,宿迁人民积极传承西楚文化的精华,不断赋予西楚文化新的时代内涵和生命力,使西楚文化在新的历史时期焕发出更加绚丽的光彩,成为推动地方经济社会发展的强大的文化动力。现在的宿迁不仅是一座历史悠久的城市,也是一座新兴工商业城市、现代滨水城市、生态宜居城市、创新创业城市。2014 年,宿迁全市实现地区生产总值 1930.68 亿元,10 多项经济指标增速位居江苏省前三,其中地区生产总值、规模以上工业增加值、固定资产投资、社会消费品零售总额、进出口总额和出口总额、金融机构人民币存款余额和贷款余额、城镇居民人均可支配收入和农民人均纯收入等 10 项指标增速位居江苏省首位。实现财政总收入 438.5 亿元,其中公共财政预算收入 210.1 亿元。公共预算收入在全国 330 多个地级市中的排名由建市初期的垫底位置,已经跃升到第 60 位。

西楚文化是宿迁区域文化的根基

区域文化是在历史发展过程中逐渐形成的区域文化传统的总和,区域文化反映了一个地区的人文历史境遇。宿迁区域文化的根基,来自于西楚文化的滋养。宿迁的人文精神中随处可见西楚文化的影响。就项羽而言,不论过去还是现在,都能在宿迁人身上见到这位盖世英雄的性格踪迹,在宿迁的人文精神中总能看到项羽精神的影子。西楚文化承载着区域久远而醇厚的历史文化禀赋,对区域民众的价值共识、审美追求、信仰操守的形成起着重要作用。

宿迁的特色区域文化,概括起来主要是西楚文化和在西楚文化影响下派生出来的生态文化、酒文化和创业文化。在区域文化建设上,宿迁主要从以下几个方面做起。

做响西楚文化,彰显宿迁区域厚重的历史文化底蕴,增强乡人的自豪感,提高宿迁的知名度。项羽勇武无双,是中国军事思想"勇战"派代表人物,秦末起义军领袖。司马迁在《史记·项羽本纪》中对其这样评价:"政由羽出,号为'霸王',位虽不终,近古以来未尝有也。"他在中国的历史上掀起了一场风云,写下了一段不朽的神话,从而成为"霸王"一词的专指者。以项羽事迹为核心的西楚文化,是宿迁最响亮也是最急需打响的文化品牌。宿迁以新的视角重新审视项羽和西楚文化,使之富含新的元素和内涵。通过深度挖掘、研究、整合,增强西楚文化的历史厚度、思想深度和文化力度,使最能代表西楚文化精髓的各类具象、抽象的人文资源得以充分展现。

做好生态文化,彰显宿迁大地人与自然的和谐发展,坚定走可持续发展之路,提高宿迁的美誉度。宿迁拥有洪泽湖、骆马湖两大湖泊,京杭运河、淮河、沂河、故黄河等著名河流穿境而过,水资源丰富,林木覆盖率高,是国家园林城市。宿迁做好以河湖水韵、绿色湿地为核心的生态文化,既有条件,也有可能,更是十分必要。在生态文化建设上,宿迁坚持做到三个有机融合:一是促进生态文化与生态旅游有机融合,大力推进重点生态景区建设,把生态资源转化为旅游资源;二是促进生态文化与生态建设有机融合,坚持不懈地加强生态建设与环境保护,夯实孕育生态文化的物质基础;三是促进生态文化与节庆文化有机融合,把富有地方本土特色的生态文化节庆办好、办实,办得更富有成效。

做大酒文化,彰显宿迁人民的聪明智慧,展示宿迁的独特魅力,提高宿迁的认可度。中国的酒文化源远流长、五彩斑斓,而宿迁的酒文化更是其精彩夺目的一章。宿迁酿酒历史悠久,酿酒工艺精湛,拥有洋河、双沟两大国家名酒和"洋河大曲"、"双沟大曲"、"蓝色经典"、"珍宝坊"等国家驰名商标,是中国最重要的白酒生产基地之一,在白酒市场上牢固确立了与茅台、五粮液鼎立的"茅五洋"地位。宿迁通过各种有效途径和方式方法,全面展示自己酒文化的独特魅力,并在此过程中强化酒都地位,发展壮大了酒类产业。

做强创业文化,彰显宿迁人民奋发有为的精神风貌,营造跨越赶超的浓郁氛围,提高宿迁的吸引度。宿迁建市19年来的跨越发展、突飞猛进,引起了来自全国各地的广泛关注和方方面面的普遍赏识,一个重要因素是坚持不断地开展创业文化建设。宿迁创业文化的核心内容是"团结奋进、敢试敢闯、务实苦干、自立自强"的宿迁精神和"我能我行我成功、创业创新创一流"的宿迁气质。在全社会的文化和思想层面上,创业文化具体表现为四个转变,即由认理纳言向明礼敏行转变,由守业守旧向创新创业转变,由重义轻利向利义并重转变,由大而化之向精心精细转变。十多年来,创业文化已经成为宿迁人的文化"基因",成为宿迁核心竞争力的重要元素,助推宿迁在加快建设小康社会、实现更大突破的路上快速前进。

从西楚文化中汲取精气神,推动经济社会又好又快发展

文化是民族的血脉,是人民精神面貌的凝聚和体现。文化的功能是引导人、塑造人、教育人,从而帮助人们形成高尚的人生观、价值观、道德观。刘云山同志指出:文化是凝聚人心的纽带,是引领前进的旗帜;文化是社会发展的动力,是文明进步的标识;文化是民生幸福的要义,是美好生活的保障;文化

是竞争优势的重要因素,是综合国力的有力支撑。①

　　宿迁建立地级市以来,在省委、省政府的正确领导下,宿迁人民凝心聚力、攻坚克难、追求跨越,经济社会取得了突飞猛进的发展成就,"宿迁速度"、"宿迁奇迹"、"宿迁模式"受到广泛关注。宿迁的发展的一个重要因素,就是从西楚文化中汲取精神力量,不断提振跨越赶超、敢争一流的精气神,提振敢试敢闯、敢为人先的精气神,提振勇于负责、敢于担当的精气神,提振真抓实干、敢打硬仗的精气神,始终保持良好的精神状态,全力推动经济社会又好又快地发展。从西楚文化中汲取精气神,既是宿迁的现实选择,也是历史的担当。

　　宿迁人的精气神,也可以分别从"精"、"气"、"神"三个方面来理解。

清代胡三俊书"项王故里"

---

① 2011年12月2日刘云山在第五期"四个一批"人才研修班上的讲话。

宿迁精气神之"精"——精干、精良、精明、精诚。宿迁精气神之"精"，体现在作风精干、素质精良、办事精明、团结精诚等方面。宿迁人向来是言必信行必果，说了算，定了干，干就干成，干就干好，认准的事情开弓没有回头箭，不怕千难和万险。古有项羽起兵，说是对秦始皇要取而代之，就破釜沉舟、一鼓作气把阿房宫搅得个底朝天。新中国成立后的宿迁人，兴修水利旱改水，男女老少齐参战，建成个淮北江南，建成个全国赫赫有名的"大寨县"；地级宿迁市成立后，宿迁人更是焕发出冲天的热情和干劲，经济社会发展一年一个样，在财政一般预算收入上，稍不留神就把全国好多个省会城市都甩在了身后边。宿迁人素质精良，特别是在品质上重礼尚德，重情尚义，这一点从项羽身上就可略知一二。品质是一个方面，更重要的还是宿迁人心灵手巧，头脑灵活，办事精明。如宿迁企业上市，短短几年时间内，苏玻、洋河、秀强、双星绿陵等企业接二连三纷纷在股市上鸣锣开张，引得本地其他企业心旌摇动、跃跃欲试、志在必得。宿迁人最难能可贵的，就是这股精诚团结、合力拼搏的精神，越是在困难的情况下，这种精神就越是表现得鲜明、表现得突出、表现得有力。建市初期那几年，很多地方、很多单位、很多同志，都是不分白天黑夜，两眼一睁，忙到熄灯，大家心往一处想，劲往一处使，汗往一处流，工作再苦再累，没有一点怨言。

宿迁精气神之"气"——气概、气度、气节、气势。力可拔山的气概，能屈能伸的气度，不卑不亢的气节，志在卓越的气势，是宿迁人引以为豪的内在气质。项羽单手举鼎，不只表明他力气过人，更显示他立志成大事的凌云壮志。宿迁人从不因为现在的暂时欠发达而丧失信心、自暴自弃，而是"穷且益坚，不坠青云之志"。1996年建市后，宿迁人在经济社会发展零基础、中心城市建设零起步、基础设施建设零起点的"三零"条件下，负重拼搏，团结奋进，一步一个脚印地艰难行进，谱写了许多可歌可泣、气壮山河的动人篇章。宿迁人从来都有胜不骄败不馁、能屈能伸但不是逆来顺受的秉性，在强者面前从不低声下气、畏畏缩缩，在弱者面前也不盛气凌人、颐指气使，而是不卑不亢，张弛有度，一副谦谦然君子之风的姿态。宿迁人追求卓越，志存高远，虽然历史上基础薄弱、欠账较多，但是有决心、有信心实现自己心中的梦想。

宿迁精气神之"神"——神奇、神话、神勇、神韵。宿迁的快速崛起，堪称中国欠发达地区的一个奇迹。宿迁的神话无处不在：白手起家，"无中生有"，采取"省市共建、八校联建、合作办学、公办民营"的新型办学模式，仅用四年时间，就建起了一座拥有 40 个本科专业、在校生 25000 人规模的宿迁学院，创造了高等教育史上的一个神话！几个月时间的日夜奋战，在骆马湖畔造就了一道宛若仙境的风景，创造了江苏省园艺博览会的一个神话！京杭大运河宿迁城区段，十年间建了九座桥梁，大大便利了生产、生活，创造了运河史上桥梁密度的一个神话！

宿迁的神话，来自于宿迁人的神勇。农民种田，雨天当着晴天干；工人上班，夜里当成白天干；职员公务，一人当成多人干。580 万人口的大市，行政编制不足其他同等城市的三分之一，哪一个市直部门单位的总人数，都不及其他城市一个部门单位的一个处室。有很多单位的一个处室，对应着上级部门 4~5 个机构的业务司空见惯。而这些所谓的处室，更多的还都是"一夫当关"。对此，宿迁人依然是怡然自得、乐此不疲，身心俱累却倍感充实、欣慰和幸福。这就是宿迁人的神勇之处。

"创新创业创一流、我能我行我成功"的宿迁气质在熏陶着市民，"生态为归宿、创业求变迁"的城市精神在改变着城市。"西楚雄风、酒都花乡、河清湖秀、生态乐园"的新宿迁，到处展现出迷人的神韵。城市日新月异，人民奋发向上，宿迁在跨越发展、科学发展、和谐发展的道路上越走越好、越走越远。中国梦的宿迁篇章，将会变得更加华彩，更加灿烂。

第一章

博大精深源流远

楚文化是中华文化的重要组成部分,西楚文化是楚文化的重要分支。楚文化源于古老的东夷文化。推溯西楚文化的发展历程,其间经历了滥觞期、形成期、发展期、鼎盛期以及转变期等多个历史阶段。

第一节　定都彭城王九郡
——西楚的地理区域

西楚,作为楚的一个区域,起于何时,地域界限,目前还没有统一的看法。总体来说,一般认为西楚起于战国或者秦汉时期。而西楚的区域,作为一个历史地理概念,其地域界限,早期史料所言较为含糊。《史记·项羽本纪》:"项王自立为西楚霸王,王九郡,都彭城。"《史记·高祖本纪》:"正月,项羽自立为西楚霸王,王梁、楚地九郡,都彭城。"但是,《项羽本纪》《高祖本纪》都没有明确西楚之名的由来和所王之九郡的具体郡名。

《史记》等早期史籍未予明载，故九郡名目后世存有较大争议①：

元代方回（1227—1305）认为九郡是：泗水、砀郡、薛郡、东郡、会稽、鄣郡、东阳、琅琊、闽中；闽中已大大超出项羽的势力范围，不辨自明。

明代陈仁锡（1581—1636）认为：泗水、砀郡、薛郡、东海、会稽、鄣郡、广陵、临淮、彭城是九郡；汉武帝元狩六年（公元前 117 年）置临淮郡，汉宣帝地节元年（公元前 69 年）置彭城郡，广陵国非郡，武帝元狩元年（公元前 122 年）更江都国为广陵，中间为郡只三年，清代梁玉绳已辨明之。

清代全祖望（1705—1755）则云：泗水、砀郡、薛郡、东郡、会稽、黔中、南阳、东海、楚郡是九郡。

清代王先谦（1842—1917）曰：泗水、砀郡、薛郡、东郡、会稽、黔中、南阳、东海、楚郡是九郡；全祖望、王先谦两人均认为南阳、黔中是九郡之一，南阳当时为王陵所据，黔中僻在边隅，项羽不得悬隔数国而有之，已经梁玉绳、谭其骧辨明之。

清代钱大昕（1728—1804）认为：泗水、砀郡、薛郡、东郡、会稽、鄣郡、东阳、东海、吴郡是九郡；梁玉绳曰：泗水、砀郡、薛郡、东郡、会稽、鄣郡、东阳、东海、吴郡是九郡。

清代刘文淇（1789—1854）云：泗水、砀郡、薛郡、东郡、会稽、鄣郡、东阳、郯郡、颍川是九郡；刘文淇认为郯郡、颍川在九郡之中，郯当时为东海郡治之县，不应为郡；颍川已封韩王成，项羽不得有其地，已经王先谦辨明之。

清代姚鼐（1731—1815）认为：泗水、砀郡、薛郡、东郡、会稽、鄣郡、东阳、东海、陈郡是九郡；今人谭其骧、周振鹤则曰：泗水、砀郡、薛郡、东郡、会稽、鄣郡、东阳、东海、陈郡是九郡。

实际上，由于早期确载的史料很少，后世学人对西楚九郡属地的理解有所差异，因此大家对此争论不休。不过关于项羽九郡有一点是可以确定的，从所举各家来看，对泗水、砀郡、薛郡、东郡、会稽这五郡为项羽所自封之地没

---

① 以下各家所列参见徐华：《秦汉西楚地域范围考辨》，"项羽文化网·项羽研究·西楚研究"，http://wh.xiangyu.cc/research/c/350.shtml。

有异议。也就是说西楚九郡之中这五郡是大家都认可的。此外还有陈郡、东海郡也应在项羽西楚国封域九郡之中。

"东海郡"的最早记载见于《史记》。《史记》卷五十七《绛侯周勃世家》曰："籍已死，因东定楚地泗、东海郡，凡得二十二县。"《史记》卷四十八《陈涉世家》曰："陈王初立时，陵人秦嘉……等皆特起，将兵围东海守庆于郯。"《汉书》卷三十一《陈胜项籍传》记载略同。东海为秦郡无疑。东海郡设立时间，据《史记》卷六《秦始皇本纪》：（秦始皇）三十五年，"立石东海上胸界中，以为秦东门"。则秦始皇三十五年之前已有"东海"这一名称，据此，大多数学者分析东海郡的设立应该是在秦始皇二十六年"分天下以为三十六郡"之时。东海郡治郯，因汉初人有以郡治县名替代郡名的习惯，如以江陵指代南郡，所以有时史书中出现的郯郡也是指代东海郡。《汉书》卷一下《高帝纪下》曰：六年，"以砀郡、薛郡、郯郡三十六县立弟文信君交为楚王"。而《汉书》卷三十六《楚元王传》曰："汉六年，既废楚王信，分其地为二国，立贾为荆王，交为楚王，王薛郡、东海、彭城三十六县。"则东海、郯郡是一郡。《水经注》卷二十五《泗水、沂水、洙水》曰："（郯）县，故旧鲁也。东海郡治。秦始皇以为郯郡。汉高帝二年，更从今名，即王莽之沂平者也。"唐人李吉甫《元和郡县志》卷十一记载："秦置三十六郡，以鲁为薛郡，后分薛郡为郯郡。汉改郯郡为东海郡。"楚汉之间，东海郡归属于项羽自封之西楚。

陈郡（楚郡、淮阳郡）应为项羽封域。《史记·秦始皇本纪》分天下三十六郡。裴骃的《史记集解》所注三十六郡中并无陈郡之名。但《史记》卷四十八《陈涉世家》曰：陈胜"攻陈，陈守令皆不在，独守丞与战谯门中"，学界多以此推断秦置有陈郡。况且一般秦灭大国都皆以之为中心置郡。楚顷襄王二十一年（公元前 278 年），秦破郢都，楚迁都于陈城（今河南淮阳）（《史记》卷十五《六国年表》）。又楚考烈王二十二年（公元前 241 年）去陈而东徙寿春（今安徽寿县）。始皇二十三年（公元前 224 年），取陈以南至平舆（《史记》卷六《秦始皇本纪》）。《史记》卷四十《楚世家》云："王负刍五年（前 223），秦将王翦、蒙武遂破楚国，虏楚王负刍，灭楚名为楚郡云。"裴骃《史记集解》引孙检曰："秦虏楚王负刍，灭去楚名，以楚地为三郡。"秦在楚地置不止三郡,孙检之说颇多疑点。然秦灭楚的路线为先灭陈而后向寿春推进。据《水经注·淮水注》始皇二十四年灭寿春而置九江郡,则灭陈而置陈郡也是情理之中的。再看陈涉起兵于泗水郡的蕲县大泽乡,之后一路向西攻铚、酂、苦、柘、谯等地,最后攻下陈城并以其为张楚政权的根据地。由此也可以看出陈郡作为楚政治中心的重要地位。再者项羽分封十八诸侯王中楚地除了九江王、衡山王、临江王之外,都是留给自己的封域。陈郡自然也不例外。

会稽是项羽起兵之地自不待言,其余六郡的具体的地理位置及区域辖地,根据谭其骧《秦郡界址考》(载谭其骧《长水集》,人民出版社 1987 年版)、后晓荣《秦代政区地理》(社会科学文献出版社 2009 年版)的考证,简要内容见表 1-1。

表 1-1　六郡具体地理位置及区域辖地

西楚郡名	今辖境	领县	今地区
泗水郡	今安徽、江苏淮河以北,宿迁以西,涡阳以东。	沛县 相县 傅阳 符离 下相 取虑 铚县 丰县 徐县	江苏沛县 安徽灵璧西北 山东枣庄南 安徽宿州东北 江苏宿迁 安徽灵璧北 安徽宿县 江苏丰县 安徽泗县西北
泗水郡	今安徽、江苏淮河以北,宿迁以西,涡阳以东。	吕县 彭城 僮县 下蔡 蕲县 城父 萧县 留县 戚县	江苏铜山县北 江苏铜山 安徽泗县 安徽凤台 安徽宿县南 安徽亳州东南 江苏萧县东南 江苏徐州西北 山东微山

西楚郡名	今辖境	领县	今地区
陈郡	今河南平舆以北,柘城以南	陈县	河南淮阳
		汝阳	河南商水西南
		汝阴	安徽阜阳
		新蔡	河南驻马店
		慎县	安徽颍上
		柘县	河南柘城
		平舆	河南漯河东南
		阳夏	河南太康
		新郪	安徽界首东
		阳城	河南商水
		苦县	河南鹿邑
		上蔡	河南上蔡
		召陵	河南漯河东
		固陵	河南淮阳西北
		项县	河南沈丘
东海郡	辖境包括今江苏北部和山东东南部地区。	郯县	山东郯城
		兰陵	山东苍山南
		襄贲	山东苍山东南
		缯县	山东枣庄东北
		盱眙	江苏盱眙东北
		淮阴	江苏淮安
		凌县	江苏宿迁东南
		朐县	江苏连云港西南
		下邳	江苏邳县
薛　郡	辖境有今山东新汶、枣庄、济宁之间地。	鲁县	山东曲阜
		无盐	山东东平
		任城	山东济宁东南
		薛县	山东滕州南
		平陆	山东汶上北
		方与	山东鱼台西
		邹县	山东邹县
		卞县	山东泗水东
		承县	山东枣庄南
		平阳	山东邹县
		藤县	山东藤县
		胡陵	山东鱼台东南
		瑕丘	山东兖州
		亢父	山东济宁南

西楚郡名	今辖境	领县	今地区
砀郡	其辖境今安徽砀山以西,亳县以北,河南开封以东,山东巨野以南。	砀县	安徽砀山南
		芒县	河南永城东北
		下邑	安徽砀山
		谯县	安徽亳县
		陈留	河南开封东南
		睢阳	河南商丘
		雍丘	河南杞县
		外黄	河南民权
		蒙县	河南商丘东北
		虞县	河南虞城县北
		襄邑	河南睢县
		酇县	河南永城西
		爰戚	山东嘉祥南
		昌邑	山东巨野
		单父	山东单县
东郡	今河南东部,山东省西部部分地区	长平	河南西华县东北
		雍丘	河南杞县
		东平	山东西南部
		濮阳	河南省东北
		平原	山东西北

根据以上所述,项羽的西楚九郡作为临时的行政区划,其地域范围还是相当清晰可见的。项羽九郡应包括泗水、砀郡、薛郡、东郡、会稽、东海、东阳、陈郡等。其所包括的地域范围主要集中在今山东西南南部、河南省东部和南部以及安徽东北部、江苏省西北部等地。还有项羽起兵之地如会稽郡为根据地,则越地、东部滨海地带都含纳其中。

司马迁《史记·货殖列传》总述了西楚、南楚、东楚的地域范围及其风俗特点,传云:

　　越、楚则有三俗。夫自淮北沛、陈、汝南、南郡,此西楚也。其俗剽轻,易发怒,地薄,寡于积聚。江陵故郢都,西通巫、巴,东有云梦之饶。陈在楚夏之交,通鱼盐之货,其民多贾。徐、僮、取虑,则清刻,矜己诺。

　　彭城以东,东海、吴、广陵,此东楚也。其俗类徐、僮。朐、缯以北,俗则齐。浙江南则越。夫吴自阖庐、春申、王濞三人招致天下之喜游子弟，东有海盐之饶，章山之铜，三江、五湖之利，亦江东一都会也。

衡山、九江、江南、豫章、长沙，是南楚也，其俗大类西楚。郢之后徙寿春，亦一都会也。而合肥受南北潮，皮革、鲍、木输会也。与闽中、干越杂俗，故南楚好辞，巧说少信。江南卑湿，丈夫早天。多竹木。豫章出黄金，长沙出连、锡，然堇堇物之所有，取之不足以更费。九嶷、苍梧以南至儋耳者，与江南大同俗，而杨越多焉。番禺亦其一都会也，珠玑、犀、玳瑁、果、布之凑。（卷一二九《货殖列传》）

据此，则西楚是由沛、陈、汝南、南郡四个区域构成。唐代张守节《史记正义》中解释徐、僮、取虑云："取音秋，虑音闾。徐即徐城，故徐国也。僮、取虑二县并在下邳，今天泗州。"这说明宿迁境内的徐（包含泗洪、泗阳、宿豫、宿城等地）、僮（沭阳等地）及取虑等皆在西楚境内。

东楚，则在海州（今连云港）、广陵（今扬州）和吴（今苏州）一带。张守节《史记正义》解释道："彭城，徐州治县也。东海郡，今海州也。吴，苏州也。广陵，扬州也。言从徐州彭城历扬州至苏州，并东楚之地。其俗类徐、僮。"

南楚，衡山郡（今鄂东豫南），九江郡（今寿县为中心的皖中地区），豫章（今江西）、长沙郡（今湖南）在今江西、两湖一带。《汉书》卷一上《高帝纪上》引孟康语："旧名江陵为南楚，吴为东楚，彭城为西楚。"因其在东夷文化的西侧，东有吴越，故有西楚之名。

从汉至唐，乃至明清及现代，学者们都是按照司马迁的西楚、东楚、南楚的地理范围理解"三楚"，争议之处在于对具体郡县所在位置的不同认识，都没有对西楚、南楚、东楚的由来及其划分依据进行分析。而探究西楚、南楚、东楚之分是何时产生、区分的标准与目的是什么，对于理解西楚的历史沿革及疆域范围很有必要。细究《史记·货殖列传》的行文，我们不难得知，司马迁在叙述总结各地地理交通、经济贸易、风俗特点的历史变迁时，无不是立足现实，以西汉前期为主要叙事对象，而后追溯历史，而以战国时代各国疆域为基本的历史坐标，目的是说明西汉以来各地风俗特点、行为方式、价值观念的历史渊源及其时代特征。在司马迁的眼里,西汉前期的经济风俗在很大程度上延续了战国传统,所以以战国疆域为叙事的地理坐标。战国时代各国疆域变动不居,一国之内的风俗特点也各不相同,尤其以楚国为典型,战国后期,吴、越变成了楚国的一部分,宋、鲁的大部分地域也并入了楚国的版图。楚疆域辽阔,物产、风俗差异甚大,司马迁才分之为南楚、东楚、西楚三个地理单元分别叙述。也就是说,这里的三楚之分,是太史公司马迁按汉时的郡治而言,古之西楚久远,并非这个样子。还有三楚之分,不是一个时期划分的,而是逐渐形成的。因为古人崇拜数字三,所以,一个区域多分为三,比如秦有三秦、晋有三晋、齐有三齐、吴有三吴、苗有三苗、湘有三湘……

史料出现的"西楚"之名,至少在春秋战国之际就有。从自然地理及历代地理区划沿革看,《尚书》卷六《禹贡》古九州的划分基本是以山川河流的自然地理分界的,北到泰山,东到海,南到淮河,西到巨野、东原的地域范围,是统一命名的完整地域。《尚书·禹贡》云:"海岱及淮惟徐州。淮、沂其乂,蒙、羽其艺。大野既猪,东原底平。"大野、东原位于鲁国西部,孔颖达疏:"《地理志》云:'大野泽在山阳巨野县北,'巨'即大也。'"据清初胡渭注释:"东原乃汶水下流,禹陂大野,使水得所停,而下流之患以纾,又竣东原之畎浍,注之汶济,然后其地致平,可发耕作也。"(《禹贡锥指》)淮河以北,泰山一线以南,东到海滨的中间地域作为一个整体的地理区域,在古九州的规划中就已被统一命名为"徐州"。至《周礼·职方氏》、《逸周书·职方解》中,九州分别为扬州、荆州、豫州、青州、兖州、雍州、幽州、冀州、并州。《职方氏》的九州和《禹贡》的九州略有不同,《职方氏》有幽州、并州,《禹贡》无;《禹贡》有徐州、梁州,《职方氏》无,对此郑玄注说:"青州则徐州地也。"《吕氏春秋》卷十三《览部·有始》曰:"何谓九州? 河、汉之间为豫州,周也。两河之间为冀州,晋也。河、济之间为兖州,卫也。东方为青州,齐也。泗上为徐州,鲁也。东南为扬州,越也。南方为荆州,楚也。西方为雍州,秦也。北方为幽州,燕也。"《尔雅》卷七《释地》云:"两河间曰冀州,河南曰豫州,济东曰徐州,河西曰雍州,汉南曰荆州,江南曰扬州,燕曰幽州,济河间曰兖州,齐曰营州。"从这些关于早期地理区划的描述看,济水以东、泗水流域、淮河以北为徐州之地。《史记·货殖列传》、

《汉书·地理志》都以泰山为齐鲁的分界。《汉书》卷二十八下《地理志》描述说:"鲁地,奎、娄之分野也。东至东海,南有泗水,至淮,得临淮之下相、睢陵、僮、取虑,皆鲁分也。"综合而言,不论是称为徐州、青州,还是鲁地,其地理范围却是大体一致的。

图1-1　宿迁古黄河公园

其次,从春秋战国历史地域变迁看,随着春秋中叶的楚国东扩,楚文化东渐,以及两次的迁都,楚的势力范围的扩大和转移,形成一个楚的"东国",其地包括三个部分:一是方城之外,即南阳盆地以东,淮水上游以北,直至汝、颍上游一带的大片楚地;二是淮南之地;三是淮北之地,主要指淮河向北延伸及滨海地域。其中淮北之地被称为楚之"下东国"或"新东国"。

楚国对"新东国"的经略,早在春秋早中期就已经开始了。公元前478年,楚灭陈而县之。公元前473年,"是时越已灭吴而不能正江、淮北",抓住越国力量不达北方的机会,"楚东侵,广地至泗上"(《史记·楚世家》)。公元前447年,灭蔡。公元前445年,灭杞。公元前413年,灭莒(《史记·楚世家》)。公元前334年,楚灭越,"尽取故吴地至浙江,北破齐于徐州"(《史记》卷四十一《越王勾践世家》)。这是楚国东部所达到的最北端,大致相当于今天山东省东南部地区。淮北之地尽管分布着一些小诸侯国,或属宋,或属齐,但长期属楚。《史记》卷三十八《宋微子世家》载公元前318年,宋"南败楚,取地三百里"。公元前286年,齐灭宋。齐、楚、魏瓜分宋地,楚得沛,淮北全属楚。但接着齐楚发生战争,齐"南割楚之淮北",淮北属齐。公元前284年,"楚王与秦、三晋、燕共伐齐、取淮北"(《史记·楚世家》)。其后,楚与齐、魏虽然仍有小的战争,但淮北属楚基本已成定局。《史记》卷七十八《春申君列传》记春申君上书秦昭王止秦攻楚,"且王攻楚之日,四国必悉起兵以应王。秦、楚之兵构而不离,魏氏将出而攻留、方与、铚、湖陵、砀、萧、相,故宋必尽。齐人南面攻楚,泗上必举"。故宋指原来宋国的土地,意思是如果秦楚交锋,魏、齐将占领楚东国故宋与泗上之地。《史记》记载:怀王末年,齐闵王欲留楚之太子以交换楚淮北之地,或曰:"不然,郢中立王,因与其新王市曰:'予我下东国,吾为王杀太子,不然,将与三国共立之。'然则东国必可得矣。"(《史记·楚世家》)楚考烈王元年(公元前262年),以黄歇为相,封为春申君,赐淮北地12县,此后淮北之地尽属于楚国。

从以上的描述可以看出,从古徐州到楚之"新东国",泰山以南,淮河以北,东到海,西至陈的广大地域在一个相当长的时间内是作为一个传统积淀深厚的整体区域存在的。按照秦郡建制的情况,这一整体区域之内分布着薛郡、东海郡、泗水郡、陈郡以及砀郡等。项羽西楚国纠合梁、楚、越三地,如果除去以会稽为中心的越地、以东郡为主的梁地,其余郡地几乎正处在楚新东国以及古徐州的地理范畴。从这一意义上说,这一整体区域是项羽西楚国的中心区域,也是西楚的地理区域所指。西汉扬雄在《方言》中三次提到西楚方言区,"楚东海"之间,"青徐淮楚之间"的区划。形成一个方言区,不是短时期能够完成的,应该是长时间的融合积淀所致。

地下的出土文物也印证了这一点。1958年冬,在江苏邳县刘林发现春秋战国时代的墓葬,出土文物甚多,其中出土两件簠,簠上有铭文:"西替,乍(作)其妹口口(尊)钴(簠)",著名考古专家尹焕章辨认西替为西楚。从出土的铜器器形和铭文来看,是标准典型的楚器。春秋战国的墓葬铜簠上有"西楚"铭文,说明叫"西楚"之名的时代应该在此之前。具体来说,其地域具体的地方就是河南东南部,江苏西北部,山东西南部,安徽东北部,正是西楚的范围区域。亦即今天的徐州、宿迁、商丘等为中心的大淮海经济区。

第二节　溯源春秋一脉承
——西楚文化的渊源

西楚文化是区域文化,是楚文化中的一个分支,楚文化又是华夏文化的南支,与上古时代西方古希腊、古罗马文化遥相辉映,成为东方文化的一颗璀璨明珠。"楚文化"(三楚文化的总体),为中华民族传统文化的一个重要组成部分,由于楚历时久远,地域辽阔,族类繁复,历史各异,文化形态、内涵都不尽相同,各地都分别研究总结了作为楚文化重要支脉的地域传统文化。如湖南的"湘楚文化",湖北的"荆楚文化",川东鄂西一带的"巴楚文化",江苏高淳一带的"吴楚文化"等。但是,楚文化起源于何时、何地却众说不一,以往比较流行的看法是:楚文化,是先秦时代即已形成的一种历史悠久的区域文化。从时间上说,是随着南方的诸侯大国——楚国的发展而成熟起来的;从空间上说,是随着春秋战国时期楚国疆域的不断拓展而向广大的地区扩散的。简单地说:楚起源于江汉流域,楚的发祥地是"荆",即古荆楚、荆州之地,在今湖北一带。随着研究的深入,大家逐渐地认识到:这个认识并不正确。西楚文化的源头,应是东夷文化。

楚,李白说:"远接商周祚最长",楚的历史悠久,其区域辽阔广大,其文化更是复杂、丰富、多样。《淮南子》卷十五《兵略训》云:"昔者,楚人地南卷沅湘,北绕颍泗,西包巴蜀,东裹郯邳,颍汝以为洫,江汉以为池,垣之以邓林,绵之以方城;山高寻云,溪肆无景;地利形便,卒民勇敢。"这是汉代人记述的楚,不过记述的已是战国时的楚了。姜亮夫曾论述过楚之地理大势:"其境北接汝颍,南接衡湘,西连巴,东连吴。方城带其内,长江梗其中,汉水、淮水、沅、湘之属,迄其上下。汉东江南之境,小国鳞次,介于其间,楚皆灭之。其疆域,北界秦、韩、郑、宋、薛、郯、莒等,东界越,南界越及百越群蛮,西界秦、蛮、巴等。……其地跨今十一省之多,为战国最大之国"①,这是战国之楚,并非古楚。说"楚本古荆州之地"②,这个楚也只能指战国之楚。

从历史上看,古楚在中国的东部,古楚有相当悠久的历史。据说,古楚人是帝颛顼高阳的后裔。战国时期楚国的诗人屈原在《离骚》这篇自传式的诗里就自认为是"帝高阳之苗裔"。《大戴礼·五帝德》说,颛顼"乘龙而至四海,北至于幽陵,南至于交阯,西济于流沙,东至于蟠木。动静之物,大小之神,日月所照,莫不祗励"③。这就不是一个人,而应当是一个神,而且是一个法力很大的神了。

再从地下发掘的文物上看:形成于公元前 17 世纪至公元前 11 世纪的甲骨文里,只有"楚",《殷契粹编》73、842、1315、1547 等契中都有"楚"字;可是甲骨文中没有"荆"字,直到商末周初时才有"荆"字。成王即政之后的《令簋》、《贞簋》里有"伐楚"的记载。《贞簋》曰:"贞,从王伐荆。"周昭王时(约公元前989 年—公元前 977 年)的《过伯簋》云:"过伯从王伐反荆。"照此看来,"楚"在前,"荆"在后,"楚"比"荆"早。因此,荆不是最早的古楚,已经十分明确。古楚最早是在东部,西楚就是古楚,其祖是高阳颛顼,东夷文化是其源。

萧兵在《楚辞文化》一书中说:楚文化"它们的脐带都是多头的,其中强韧粗壮的一支却系在中国东部的文化胎盘上"④。他还进一步更明确地说:"所谓'东部'或'东方'文化,在先秦学术文化史上,应指上古东夷人集群文化及其直系后裔'齐鲁文化'。东夷文化源远流长,内涵深广,它是东海——西太平洋文化最古老、最强大的一支……殷商文化则是它最繁荣、最先进、最直接的一支。"⑤

郭沫若在《殷周青铜器铭文研究》、《两周金文辞大系考释》等书里反复强

---

① 姜亮夫:《荆楚名义及楚史地》,《楚辞学论文集》,上海古籍出版社 1984 年版,第 205页。

② 姜亮夫:《荆楚名义及楚史地》,《楚辞学论文集》,上海古籍出版社 1984 年版,第 205页。

③ 刘殿爵、陈方正编:《大戴礼记逐字索引》,香港商务印书馆 1992 年版,第 63 页。

④ 萧兵:《楚辞文化》,中国社会科学出版社 1990 年版,第 62 页。

⑤ 萧兵:《楚辞文化》,中国社会科学出版社 1990 年版,第 63 页。

调:"楚本蛮夷,亦即淮夷",是"殷之同盟国","亦即《逸周书·作雒篇》之熊盈族"。关于这一点,他在《金文所无考》里讲得最清楚:"楚之先实居淮水下游,与奄人、徐人等同属东国。《逸周书·作雒篇》……熊盈当即鬻熊,盈鬻一声之转。熊盈族为周人所压迫,始南下至江,为江所阻,复西上至鄂。至鄂而与周人之沿汉水而东下者相冲突。《左氏传》(僖公廿八年)'汉阳诸姬,楚实尽之'者,是也。"①郭沫若还指出:"中国的真实文化起于殷商,殷商灭亡之后分为两大支:一支在殷人手下向北发展,一支在徐楚人手下向南发展……徐人的文明并不比周人初起的文明落后。徐是与夏商周并存的古国,具有相当的经济基础,文化十分先进。吴越人的汉化一定受到徐楚人的影响,徐楚人和殷人的直系宗人是传播殷文化向中国南部发展的。"因此我们说古徐国是与夏商周相始终的甚至有时国力比中央政权还要强的一个古国,其疆域和国都在被正统政权长期称为"东夷"、"淮夷"、"徐国"、"舒地"、"海岱及淮"的东方地区,即现在的北抵临沂、济宁,西达河南安徽东部,南至长江及苏北地区的广袤的范围内。古徐楚文化是既受黄河文化和长江文化影响、制约,反过来又对黄河文化和长江文化产生重大影响的沂淮文化的源头、发源地,是中国文化的重要组成部分。

著名学者童书业也说:"楚族盖本起东方,'熊盈'之'熊'即楚氏,是楚王室盖即周人所俘熊盈九邑之一自东迁西者。"②他与郭沫若一样,认为熊盈本淮夷,淮字从水从隹,卜辞之"隹夷"即"淮夷"。他指出盈、嬴可通,"熊盈"指"嬴姓熊氏"。他说:"淮夷之大者曰'熊盈族'……徐、奄、熊、盈等皆为淮夷之族。所谓'熊盈'者,盖指盈姓熊氏之族,'盈'当即'嬴',徐、奄、秦、赵、郯皆嬴姓。楚国王室则以熊为氏,是此类国皆'熊盈'之族也。"③郭、童二氏所言极是,宿迁周围大地上的徐、奄、郯、钟吾等是少昊之墟,嬴姓。

丁迪豪说:"楚国是东夷,殷也是东夷,楚国是殷民族的支裔。楚国原来的地方,大抵在殷的附近,就是后来《诗经》和《左传》里所说的'楚宫'和'楚

① 郭沫若:《金文丛考》,人民出版社1954年版,第44页。
② 童书业:《春秋左传研究》,上海人民出版社1983年版,第47页。
③ 童书业:《春秋左传研究》,上海人民出版社1983年版,第248页。

丘'。殷人为周人所败,楚为周民族所压迫,遂向南方移动,退保荆山而为国,与周人隔绝,所以楚国在文化方面是犹有殷之遗风。"①

顾铁符在《楚国民族述略》中根据楚人所托的祖先"颛顼"(屈原《离骚》说:"帝高阳之苗裔兮",高阳就是颛顼),推出楚人来自东方。他根据《帝王世纪》、《史记·五帝本纪》指出:"太昊都陈,少昊都曲阜,颛顼都穷桑,后徙商丘,帝喾都亳,他们建都的地方都在中国偏东的地方。"②萧兵解释"颛顼属东夷",其具体的地点"主要是在河南省的东半部,以及山东省的西南隅,个别在江苏省的西北角"③。

胡厚宣在《楚民族源于东方考》一文中进一步提出"楚之始祖为祝融",他说:"祝融即陆终…… 即遂人即黎;而陆终、遂人及黎皆为东方之民族也。……惟其后以周民族之东方压迫,及黄河流域之渐渐改变,东方民族遂多相率南迁,而楚民族势力甚强,乃渐扩土于南方之江汉流域。"④

清代学者徐时栋所著《徐偃王志》卷首称:"徐得国传二千年,几与夏商周相始终。"翦伯赞也曾经说过:"据青铜器铭文记载,自周初以至宣王(西周倒数第二个君王)之时,周王朝和东夷、淮夷诸部落间,不断地发生战争。淮夷中最大的是徐方。周穆王时,徐偃王曾起兵攻周,一直打到黄河边上。铜器铭文中也有穆王时周与淮夷作战的记载。厉王时周人与南方又有许多战争。"就连著述《楚文化的东渐》一书的作者刘和惠也承认在楚文化东渐以前,江淮地区已经具有发达的文化,该书言:"淮海地区。这一地区商周时期文化遗址发掘和试掘的有:铜山丘湾、高皇庙,连云港九龙口,邳县黄楼,新沂三里墩,泗阳宗墩,萧县花家寺等。这些遗址商文化层多压在龙山文化层之上,陶器以灰陶为主,多绳纹,主要器类有鬲、簋、甗、盆豆等,其特点与中原商文化比较接近。"⑤实际上在他所认定楚文化东渐之前,出土的器皿已经是"楚"的

①　丁迪豪:《上代神话中十日的由来及其演变》,《北平益世报·史学旬刊》1932 年 7 月 8 日。
②　顾铁符:《楚国民族述略》,湖北人民出版社 1984 年版,第 13—17 页。
③　萧兵:《楚辞文化》,中国社会科学出版社 1990 年版,第 88 页。
④　胡厚宣:《楚民族源于东方考》,北京大学潜社《史学丛刊》1934 年第 1 辑。
⑤　刘和惠:《楚文化的东渐》,湖北教育出版社 1995 年版,第 19 页。

形式了,所以他只敷衍言之是与中原商文化比较接近,他无法解释为什么楚文化东渐之前会有楚的器皿。1954 年在鲁南泰安西南发现青铜缶 6 件,刘和惠承认:"铜缶有盖,直口,短颈,双兽耳,耳上套有提链,盖顶有圈形把手,肩腹间有圆形饼饰,器身似饰蟠虺纹。这种形制与淅川下寺 3、10、11 号楚墓所出的'浴缶',寿县蔡昭侯墓所出土的'盥缶'基本相同,完全是楚器的风格。""按此缶形制,应为春秋晚期或战国早期之物,但是该器口沿上刻有'楚高'、'右征君'数字铭文,与寿县朱家集李三古堆大墓铜器铭文风格完全相同,由此看来,器具是旧铸的,铭文则是后来刻划的。"[①]他无法解释铭文为什么会在楚东渐之前就有"楚高"的文字,所以,他只好说,"器是旧铸的,铭文则是后来刻划的"。

众多的史料证明楚之源在东夷,时代很古老。

东夷是古代居住在我国东部地区的各族人民的统称,是汉民族的主干。《礼记·王制》曰:"东方曰夷。"先秦文献中的东夷,专指今山东省及淮河以北那些非华夏方国和部落,他们分布在今山东、苏北、淮北地区,其先祖为太皞氏、少皞氏,与炎黄部落同时。

关于"东夷",许慎《说文解字》说:"夷,东方之人也。从大从弓。"段玉裁《说文解字注》:"东夷从大,大,人也。夷俗仁,仁者寿,有君子不死之国。"从"夷"字的字形看,由"大"和"弓"组成。"大"字即人的正面形象,人负弓,表明了东夷族人最初以射猎为生,并具有尚武的习俗传统。所以朱骏声《说文通训定声》说:"夷,东方之人也。东方夷人好战,好猎,故字从大持弓会意。大,人也。"

古代东夷族的领袖有太昊、少昊和蚩尤。太昊是传说中东夷族最早的领袖,现在也把"太昊"看作东夷最古老的部落集团。太昊又作太皞,据《左传·昭公十七年》,太昊部落活动的中心地区在陈,也就是现在河南的淮阳。但又据《左传·僖公二十一年》,其中有"任、宿、须句、颛臾,风姓也,实司太皞与有济之祀"的说法。而根据杜预的注释:"任"即任城,在今山东济宁境内;"宿"为无盐,在今山东东平境内;"须句"为须昌,在今山东东平境内;"颛臾"即武

---

① 刘和惠:《楚文化的东渐》,湖北教育出版社 1995 年版,第 219 页。

阳县,在今山东平邑县境内。也就是说太昊的后人封地都在今山东鲁南地区,所以可以断定,太昊部落的活动区域在豫东、鲁南一带,且有一种沿着古济水由西向东发展的趋向,古代鲁南汶泗沂沭四水皆属淮支流,东夷、淮夷是后人依地域而分,实为一族,鲁南苏北实为一体,即便分而论之也要合二为一。考古学家徐自强考证,古夷文的创造和使用早于古汉文,已有1万年左右的发展史,至今仍在彝文中使用。鲁南马陵山地区出土的细石器距今已有15000～10000年,晚于汶泗地区,与苏北地区细石器特征基本相同,与中国境内15000年之前的河南灵井等地的细石器却有一定的区别。太昊为风姓,有学者认为"风"即"凤"。从中也可以得出这样一条信息,即东夷族是以"鸟"为图腾的古老部族。

少昊又作少皞,是古东夷族的另一位领袖人物,亦被视为继太昊族之后兴起的东夷族的又一分支部族。少昊也以鸟为图腾,在族源上与太昊大概有着一脉相承的关系。少昊族的故地在曲阜,宿迁被称为"少皞之虚"。少昊族的后人封地如费、莒、郯,在今费县、莒县、郯城、沭阳、宿迁、泗洪一带,宿迁是少昊族的主要活动区域。亦即东夷中先进的一支——淮夷。淮夷,《尚书·禹贡》集解引郑玄语:"淮夷,淮水之上夷民也。"《诗经·江汉》毛传:"淮夷,东国在淮浦而夷行也。"李平心言:"嬴姓诸国以鸟为图腾,淮夷即佳夷……也是奉鸟图腾之族。"(《李平心史论集》)童书业:"卜辞中有佳夷,当即淮夷,佳夷之佳亦鸟类。"(《中国古代地理考证论文集·鸟夷说》)淮夷文化的审美基因淮夷氏族文化现象与生息环境的特征主要有二:一是以鸟为图腾,二是滨水而居,活动在潍、淄、泗、淮等水域。淮夷属于以水鸟为微帜的水族文化族团。考古发现及汉画像石上常有一鸟衔一鱼的形象,似最能显示、概括这个氏族的文化面貌。水既是淮夷氏族物质生活的依托与文化形态的基础,水域环境中的一些物质形式,自然节律就会积淀、转化到他们的文化审美观念中去,使其审美观念的基因(情感、意说兴趣、爱好、信仰)往往带上水族文化的烙印,或者说透射出一些关于"水"的性相与根由。

东夷人所创造的文化,是人类最古老、最辉煌的文化之一。他们在文化上的贡献,不仅见诸传说与史载,而且得到了考古发现的印证与支持。

弓箭是东夷族人最先发明创造的。弓箭的发明是远古人类的一个重要的创造，它使得狩猎经济有一个飞跃的发展，使人类在征服自然的过程中有一个质的进步。从传说看，《山海经·海内经》说："少皞生般，般始为弓矢。"从后李文化（距今约 8000 年）、北辛文化（距今约 7000 年）遗址中，都发现了骨质和蚌质的箭镞，从实物资料上说明了传说的可信度。

在陶器的制作方面，东夷人处于当时的领先地位。大汶口墓葬中出土的陶器极为丰富，前期的陶器大多采用手制，后期出现了轮制，陶器的数量和质量都有长足的发展。陶器中有精美的彩陶和光洁的白陶，器形已有鼎、觚形杯、豆、壶、背壶、罐、盆、高柄杯、盘、缸、瓶、尊、钵、碗、陶鼓等。龙山文化中最令人瞩目的文化成就是黑陶。在龙山文化时代（距今约 4500 年），东夷人在制陶技术上取得突破，他们使用较先进的轮制技术，制造出了一些薄胎黑陶。这种黑陶壁薄如蛋壳，强度又高，号称"蛋壳陶"。

2010 年至 2011 年发掘的宿迁泗洪顺山集遗址，出土大量的陶器，陶器以圆底器为主，其次为平底器及少量的矮圈足器，基本器物组合为釜、罐、钵、盆、支脚、器座等，釜为大宗。夹砂陶占 90% 左右，有少量泥质陶。夹砂陶多外红（褐）内黑，陶色不均，陶胎普遍较厚，器形不甚规整。泥质陶多为红陶，并有少量的灰陶与黑陶，部分夹砂陶加入植物碎末作为羼和料。器表多施红衣。以素面为主，纹饰有指甲纹、按捺纹、乳钉纹、附加堆纹及镂孔等，指甲纹、按捺纹多饰于釜口唇外侧。还出土了人面、熊面、猴面、猪面、鸟面等陶塑艺术品，这些陶器距今 8300～8100 年。

东夷族相当发达的物质文明，为其精神文明和制度文化的发展创造了条件，所以东夷族无论在文字的创制，还是礼制、宗教的形成上，都走在时代的前列。

文字的创制是古代文明在一定发展阶段上的产物，是文明社会的重要标志之一。最早的文字，当是东夷人的创造。东汉王符《潜夫论·五德志》有"少皞始作书契"的说法。这一说法得到了考古发现资料的证明。最早的图形文字"陶尊文字"出现在大汶口文化晚期的文物上。这些文字以图像为主，均刻于一种特殊的陶器——大口尊的外表，并且每件器物上一般只刻 1 字。

至今已发现了 20 余件标本,其中不重复的单字近 10 个。如仅在莒县陵阳河遗址就出土了 4 件灰陶尊,各刻有 1 个图形文字,分别为"暞"、"炅"、"戌"、"斤"字。1992 年,在邹平丁公遗址发现了龙山文化的文字。这些文字刻在一件平底盆底部残片的内面,现存文字计有 5 行 11 个字。综观这 11 个字,个个独立成字,笔画比较流畅,整体排列也比较规则,刻写有一定章法,显然已脱离了刻画符号和文字画的阶段。与大汶口单个图形文字相比较,这 11 个文字组成了一个短句,记述了一个特定内容,已具有记载的功能,表明至此已形成了比较成熟的文字。文字的发明,是东夷族对中国古代文明发展做出的伟大贡献。

东夷人崇尚英雄精神,他们的部族中涌现过许多英雄传奇人物,如蚩尤、太昊、少昊、后羿等。其中"后羿射日"、"嫦娥奔月"等为今人所熟悉的神话传说即出自风夷偃姓部族。"后羿"本是偃姓的一支部落,这个部落的男子因常于桑林中掘坑,身负弓矢隐蔽于地穴中、伺机射鸟而著称。他们的最高军事首领亦名后羿,其人力大无穷,是位射术精湛的勇士,被尊为东夷之神。

东夷人尚德尚仁,反对暴政。《后汉书》云:"夏侯氏太康失德,夷人始畔(叛)。自少康以后,世服王化,遂宾于王门,献其舞乐……莱为暴虐,诸夷内侵……武乙衰敝,东夷浸盛,遂分迁淮岱,渐居中土。"(《东夷传》卷八十五)东夷不仅与夏统治者保持了这种"时服时叛"的关系,与殷商王朝、周王朝也同样如此。商对东夷进行了长期征伐,末代之君纣王多次对东夷用兵,严重削弱了自身实力,是商亡于武王的原因之一;周武王即位不久即去世,周公执政,随后纣之子武庚联合东夷起兵反周,周公亲征取胜,稳定了新生的周政权;到周穆王时,东夷势力的中心转移到了淮河流域,以淮夷概称东夷,是因为东夷族的代表徐国(今宿迁泗洪、泗阳、宿豫等部分地区)逐渐发展为东夷中实力最强大的部落,成为统辖淮、泗流域的东方盟主。周初,徐国曾多次联合淮夷反抗周王朝。《帝乡纪略》、《泗州志》等旧志上就有这样的记载:"(徐偃王)周穆王时为东方诸侯,长行仁义,欲霸上国,获朱弓彤矢,以为天瑞,乃僭称王,陆地而朝者三十六国。"后徐国受到周王朝严重打击,但周王朝也因此而衰落。东夷的文化渊源其后成了西楚文化的滥觞。在南北文化碰撞下产生的宿迁特色西楚文化,受到南北文化的双重影响。南方的吴越文化、维扬文化细腻委婉,北方的齐鲁文化粗犷豪放。处在南方文化和北方文化的交界处,产生在淮河流域的西楚文化,兼具南方文化的细腻委婉和北方文化的粗犷豪放,更继承了楚文化中不屈不挠的精神追求。这种带有区域性特色的西楚文化,培育了项羽拔山盖世、力能扛鼎、破釜沉舟、勇往直前的英雄精神。在具有地域特色西楚文化的熏陶下,一代代宿迁儿女,前仆后继,勇于牺牲,在淮海大地上,在历史长河里,上演了一幕幕惊心动魄的历史活剧。

当然,西楚在不同的朝代,不同的时期也发生了不同的变化。如春秋战国,夷夏竞美,博采众长;秦汉魏晋,幽远玄奥,自尊尚武;隋唐宋元,剽轻疾进,英雄辈出;明清至今,刚健自强,经世致用。总之,西楚文化的基本精神,是自强不息的刚健精神、厚德诚信的人道精神、尚武尚仁的人文精神、崇尚气节的爱国精神、经世致用的救世精神、人定胜天的能动精神、勤谨睿智的创造精神等。这些,对我们民族优秀传统精神的形成具有重要作用。

图1-2 徐州九里山古战场

第二章　盖世英雄楚霸王

项羽名籍,生于公元前232年,卒于公元前202年,下相(今江苏宿迁)人,中国古代杰出军事家,秦末杰出起义军领袖、著名政治人物,中国军事思想"勇战"派代表人物。他立志图秦,善于用兵,历经百战,最终实现亡秦的理想。秦亡后项羽自立为西楚霸王,统治黄河及长江下游的梁、楚九郡。项羽的勇武古今无双,他是中华数千年历史上最为勇猛的将领,汉语的"霸王"一词,专指项羽。本章先从"正史"入手,看看太史公是如何还原项羽这一"战神"形象的;接着叙述民间传说,听听百姓是如何传诵项羽、虞姬的"爱神"故事的。烽烟散尽,你评,我评,他也评,究竟应该给项羽一个怎样的历史评价呢?

第一节　史官秉笔塑"战神"
——司马迁笔下的项王形象

记载项羽的典籍,最早的是司马迁的《史记》。虽然项羽并未称帝,司马迁依然将之以《本纪》作传,于此可见项羽在司马迁心目中的崇高地位。《史记》记载人物"不虚美、不隐恶",《史记》对项羽的记载具有相当的可信度。本节主要依据司马迁《史记》的记载,同时结合班固《汉书》等史籍,参照现代学者的项羽研究成果,对项羽这位千古"战神"一生的主要事迹进行梳理。

图 2-1 项王故里景区门前广场项羽雕像

图 2-2 项王故里霸王鼎

一、人不英豪枉少年

项羽的祖父是项燕,叔父是项梁,项氏世世代代做楚国的大将,被封在项地,所以姓项。项羽身高八尺,力能举鼎,才气过人。项梁是项燕的小儿子,十分疼爱项羽,下了很大的本钱来培养项羽,希望他能够成才,继承项家的功业。但是,项羽却少年轻狂,那么,他到底志在何处呢?

1. 复仇要学"万人敌"

秦始皇二十三年(公元前 224 年),强横不可一世的秦王政,灭掉了韩、赵、燕、魏四国之后,矛头又直指楚国。秦王政派出伐楚的主将是秦国有名的少壮派人物李信,迎战李信的是楚国的大将项燕,他正是项羽的祖父。当时,李信率领的军队有20万,不可能一下子占领广袤的楚国领土。项燕一面调集大军做好战备,一面令前线各城自顾坚守。李信深入楚国,也渐渐兵力疲惫。项燕抓住战机,立即率领大军,尾随着撤退的秦军勇猛追击,三天三夜后终于在边境追上秦军,击破了李信的两座大营,杀死了七名都尉,秦兵损失半数以上。这是战国时期秦军的最后一次大败,也是楚军第二次大败秦军。但是,20万军队的败绩并没有动摇秦国的根基。秦王又把倾国的兵马60万拨给王翦,浩浩荡荡向楚国压来,在平舆一带扎下大营,相持不战,来消耗楚军的精力。最终,楚国主力被打得大败,项燕也为秦将王翦所杀。

国亡家破的奇耻大辱在项羽幼小的心田埋下了报仇的种子,项羽奔流的热血中交融着雪恨的情感,所以,少年时代项羽就与其他的孩子截然不同。

项羽小的时候曾学习写字识字,没有学成就不学了;又学习剑术,也没有学成。项梁对他很生气。项羽却说:"写字,能够用来记姓名就行了;剑术,也只能敌一个人,不值得学。我要学习能敌万人的本事。"于是项梁就教项羽兵法,项羽非常高兴,可是刚刚懂得了一点儿兵法的大意,又不肯学到底了。项羽的志向到底在何方?

2. 立志取代秦始皇

项梁为人豪侠仗义,好结交各路朋友。有一年项梁到栎阳(今陕西临潼)去办事,因为朋友的事,犯了罪,栎阳的地方官吏要抓他。多亏了他的好朋友、时任蕲县的狱掾曹咎,给时任栎阳县狱掾司马欣写了一封信,这才大事化小,小事化无。因此项梁、项羽叔侄俩都很感激曹咎和司马欣两人,后来这两人也先后投靠项羽做了大官。后来项梁又因事杀了一个仇家,为避祸,项梁带着年轻的项羽逃到会稽郡的吴中(今之苏州),躲了起来。

有一年,秦始皇视察各地,他的庞大车队从吴中路过,项梁带着项羽到街上观看。当威武雄壮的皇帝车队从他们面前驶过时,项羽指着秦始皇说:"彼可取而代也!"

项梁吓坏了,赶紧捂着项羽的嘴巴说:"你可不能说这种话,这是要灭九

图2-3　"彼可取而代也"——安徽灵璧虞姬文化园项王铜雕

族的大罪!"话是这样说,但是在项梁的内心里,他对项羽有这样的胆识是暗暗高兴的。

项梁在吴中时,由于他比较富有,而且乐于助人,所以在当地人中很有威信。项梁很有组织才能,每逢乡里有红白喜事或是遇到一些大的工程,大家都喜欢请项梁来主持。而项梁每一次都主持得井井有条,办得公正得体,乡亲们都非常满意。于是在他的周围渐渐地就聚集起了一批青年追随者。项梁本是将门之后,文武全才。有时他便会在众人面前表演一套功夫,引起众人喝彩。后来项梁干脆教授众人学习一些基本武功,同时暗地里教授一些行军打仗、排兵布阵的知识。项梁也借此考察吴中子弟,了解各人的本事及特长,网罗一批忠于自己的青年才俊。

项羽身高八尺,力大无比,几百斤重的大鼎他都能轻而易举地举过头顶,所有青年在比武时都败在项羽手下,没有不信服的。

二、会盟天下诛强秦

公元前209年七月,陈胜、吴广在大泽乡举行了起义,秦王朝的各级地方政权惶惶不可终日。

1. 三千子弟江东起

公元前 209 年九月，会稽郡守殷通召项梁商议大事，他对项梁说："大江以西全都造反了，这也是上天要灭亡秦朝的时候啊。我听说，做事情占先一步就能控制别人，落后一步就要被人控制。我打算起兵反秦，让您和桓楚统领军队。"当时桓楚正逃亡在草泽之中。项梁说："桓楚正在外逃亡，别人都不知道他的去处，只有项籍知道。"于是项梁出去嘱咐项羽持剑在外面等候，然后又进来跟郡守殷通一起坐下，说："请让我把项籍叫进来，让他奉命去召桓楚。"郡守说："好吧！"项梁就把项籍叫进来了。待了不大一会儿，项梁给项籍使了个眼色，说："可以行动了！"于是项籍拔出剑来斩下了郡守的头。项梁手里提着郡守的头，身上挂了郡守的官印。郡守的部下大为惊慌，一片混乱，项籍一连杀了 100 多人。整个郡府上下都吓得趴倒在地，没有一个人敢起来。项梁召集原先所熟悉的豪强官吏，向他们说明起事反秦的道理，于是就发动吴中之兵起事了。项梁派人去接收吴郡下属各县，共得精兵 8000 人。又部署郡中豪杰，派他们分别做校尉、侯、司马。其中有一个人没有被任用，自己来找项梁诉说，项梁说："前些日子某家办丧事，我让你去做一件事，你没有办成，所以不能任用你。"众人听了都很敬服。于是项梁做了会稽郡守，项籍为副将，去巡行占领下属各县。

项梁没有费多大的力气就夺得了会稽郡的领导大权，拥有了数千大军。随后项梁立即派出手下亲信前往会稽郡下属各县，清点各地在册军人名单，经过严格甄选，淘汰老弱，留下精壮，共得 8000 多人，这就是项家军最初的江东八千子弟兵，是原始班底和嫡系。

正当项梁在吴中起兵之时，自封为王的陈胜队伍却发生了分裂。这时候，广陵人召平为陈王去巡行占领广陵，广陵没有归服。召平听说陈王兵败退走，秦兵又快要到了，就渡过长江假托陈王的命令，拜项梁为楚王的上柱国。召平说："江东之地已经平定，赶快带兵西进攻秦。"项梁就带领 8000 人渡过长江向西进军。听说陈婴已经占据了东阳，项梁就派使者去东阳，想要同陈婴合兵西进。陈婴，原先是东阳县的令史，在县中一向诚实谨慎，人们称赞他是忠厚老实的人。东阳县的年轻人杀了县令，聚集起数千人，想推举出一位首领，没有找到合适的人选，就来请陈婴。陈婴推辞说自己没有能力，他们就强行让陈婴当了首领，县中追随的人有两万。那帮年轻人想索性立陈婴为王，为与其他军队相区别，用青巾裹头，以表示是新突起的一支义军。陈婴的母亲对陈婴说："自从我做了你们陈家的媳妇，还从没听说你们陈家祖上有显贵之人，如今你突然有了这么大的名声，恐怕不是吉祥的征兆。依我看，不如去归属谁，起事成功还可以封侯，起事失败也容易逃脱，因为那样你就不是为世所指名注目的人了。"陈婴听了母亲的话，没敢做王。他对军吏们说："项氏世世代代做大将，在楚国是名门。现在我们要起义成大事，那就非得项家的人不可。我们依靠了名门大族，灭亡秦朝就确定无疑了。"于是军众听从了他的话，把军队归属于项梁。项梁渡过淮河向北进军，黥布、蒲将军也率部队归属于项梁。这样，项梁总共有了六七万人，成为当时反秦的各路义军中势力最大的一支。

这时候，秦嘉已经立景驹做了楚王，驻扎在彭城以东，想要阻挡项梁西进。项梁对将士们说："陈王最先起义，仗打得不顺利，不知道如今在什么地方。现在秦嘉背叛了陈王而立景驹为楚王，这是大逆不道。"于是进军攻打秦嘉。秦嘉的军队战败而逃，项梁率兵追击，直追到胡陵。秦嘉又回过头来与项梁交战，打了一天，秦嘉战死，部队投降。景驹逃跑到梁地，死在那里。项梁接收了秦嘉的部队，驻扎在胡陵，准备率军西进攻秦。秦将章邯率军到达栗县，项梁派别将朱鸡石、余樊君去迎战章邯。结果余樊君战死，朱鸡石战败，逃回胡陵。项梁于是率领部队进入薛县，杀了朱鸡石。项梁听说陈王确实已死，就召集各路别将来薛县聚会，共议大事。这时，沛公也在沛县起兵，应召前往薛县参加了聚会。

2. 梁死疆场羽受限

项梁军队逐渐壮大，急需核心智囊人物。居�人范增虽 70 岁而智慧不减，他一向家居不仕，喜好琢磨奇计。他前来游说项梁说："陈胜失败，本来就应该。秦灭六国，楚国是最无罪的。自从楚怀王被骗入秦没有返回，楚国人至今还在同情他；所以楚南公说'楚国即使只剩下三户人家，灭亡秦国的也一定是楚国'。如今陈胜起义,不立楚国的后代却自立为王,势运一定不会长久。现在您在江东起事,楚国有那么多将士如众蜂飞起,争着归附您,就是因为项氏世世代代做楚国大将,一定能重新立楚国后代为王。"项梁认为范增的话有道理,就到民间寻找楚怀王的嫡孙熊心,这时熊心正在给人家牧羊,项梁找到他以后,就袭用他祖父的谥号立他为楚怀王,这是为了顺应楚国民众的愿望。陈婴做楚国的上柱国,封给他五个县,辅佐怀王建都盱台,项梁自己号称武信君。

项梁自打出了楚怀王的旗帜后,果然四方豪杰纷纷归顺项梁,项梁无形之中成了陈胜之后的义军的新领袖。

这时,沛公刘邦也来投奔项梁,项梁十分欢迎,也很痛快地答应了刘邦的借兵请求,同意借给刘邦 5000 兵马,还有偏将 10 员。有了这支生力军,刘邦的实力大增。当刘邦率领近万人的队伍再次攻打丰邑时,雍齿害怕了,赶紧率队连夜逃跑。刘邦光复丰城后,如约率部返回彭城,向项梁交令,并将所借兵马全部交还项梁。项梁见刘邦是个守信的人,十分高兴,他想把刘邦收为自己的心腹,于是项梁把侄子项羽与沛公刘邦一起叫进自己的中军大帐,开口说道:"现在各地抗秦战争虽然取得了不小的成绩,但是秦王朝还拥有强大的军队,我们决不能松懈!我看你们二位是我军中最卓越的将领,我希望你们能像亲兄弟一样团结合作!"刘邦和项羽在项梁的主持下结为兄弟。

秦二世二年(公元前 208 年)六月,项梁命令沛公刘邦和项羽各自率领所部联合行动,以刘邦为主将,项羽为副将。刘、项联军的第一个进军目标是城阳郡,战事进行得十分顺利,一举击溃秦军主力,占领了城阳。随后他们两位又马不停蹄,继续向濮阳发起攻势,在濮阳城东大败秦军。之后,刘、项两人又联手攻定陶,但定陶守将凭城固守,一时拿不下来。沛公刘邦建议放弃定陶,向西行进取雍丘。

守卫雍丘的是秦三川郡守李由,他是鼎鼎大名的秦丞相李斯的长子。刘项大军士气正旺,连败秦军。最后李由亲率秦军再次迎战,为联军所杀。大败秦三川郡守李由,极大地鼓舞了楚军士气。此时项梁正在东阿连续击败章邯的部队,得到雍丘大捷的消息,项梁十分高兴,决定乘胜前进,打算在定陶

图 2-4　浙江湖州奉胜门前项羽像

城下和秦军主将章邯决战。但是,项梁低估了章邯的能量,章邯扩充力量,悄悄地对项梁实施了反包围。秦二世二年九月,项梁大败,死于乱军之中。

　　楚怀王熊心意识到,项梁的突然被杀对楚军的打击极大,全军突然之间没了主心骨,当前需要稳定楚军军心。于是他当机立断,将大本营前移,从盱眙迁到了彭城,并将楚军中实力最强的两支队伍合并,由自己亲自指挥;任命沛公刘邦为砀郡长,封为武安侯,将砀郡兵;任命项羽为鲁公,封长安侯;任命宋义为上将军,项羽为次将,范增为末将,率领楚军主力北上援救赵国,同时解除了项羽的兵权;任命沛公刘邦率领所部,一面收集项梁失败后走散的士兵,同时向西直取秦首都咸阳。

　　至此,项羽军事领导权受到限制,他和刘邦的短暂合作也到此终止。

3. 巨鹿灭秦立首功

当章邯击败了项梁所率的楚军主力，并杀死项梁之后，认为余下的楚军已经微不足道，不再构成对秦军的威胁。而赵国势力越来越大，所以他决定挥师北上。面对占有绝对优势的秦军，赵王歇向北撤退到巨鹿，凭借坚固的城墙固守。

章邯几乎是在兵不血刃的情况下攻占了赵之都城邯郸，但他并没有乘胜追击，而是滞留在邯郸。章邯命令秦军将邯郸城的城墙全部拆毁，将城内之百姓强迁至河内（今河南省武陟县）。同时章邯却命令此时尚远在千里之外的将军王离立即回兵负责攻打巨鹿城，王离于秦二世二年十一月率军包围了巨鹿。

尔后，章邯才下令所部开往巨鹿。章邯所率的20万秦军在到达距巨鹿城15公里多的棘原（今河北省平乡县南）后即驻扎了下来，开始修建甬道，负责向攻城的王离大军供应粮草。困守在巨鹿城里的赵王和赵相张耳手下的兵力不足万人，而且城中存粮不多。赵将陈余率领赵军主力部队约两万余人在巨鹿城北安营，与城内的守军形成犄角之势。张耳知道赵军远不是强大秦军的对手，形势越来越危急，于是他写出数封信件向各路诸侯求救。

正是在这样的背景之下，楚怀王熊心任命宋义率领10万楚军精锐部队北上救赵。这支部队的统帅是宋义，项羽则被任命为副帅。

宋义带领部队进发抵达安阳后，停留46天，也不向前进。

项羽对宋义说："我听说秦军把赵王包围在巨鹿城内，我们应该赶快率兵渡过黄河，楚军从外面攻打，赵军在里面接应，打垮秦军是确定无疑的。"

宋义说："我认为并非如此。能叮咬大牛的牛虻却损伤不了小小的虮虱。如今秦国攻打赵国，打胜了，士卒也会疲惫；我们就可以利用他们的疲惫；打不胜，我们就率领部队擂鼓西进，一定能歼灭秦军。所以，现在不如先让秦、赵两方相斗。若论披坚甲执锐兵，勇战前线，我宋义比不上您；若论坐于军帐，运筹决策，您比不上我宋义。"

于是通令全军："凶猛如虎，违逆如羊，贪婪如狼，倔强不听指挥的，一律斩杀。"又派儿子宋襄去齐国为相，亲自送到无盐，置备酒筵，大会宾客。当时天气寒冷，下着大雨，士卒一个个又冷又饿。

项羽欲图大事，就先做将士们的思想工作，他对大家说："我们大家是想齐心合力攻打秦军，他却久久停留不向前进。如今正赶上荒年，百姓贫困，将士们吃的是芋芳掺豆子，军中没有存粮，他竟然置备酒筵，大会宾客，不率领部队渡河去从赵国取得粮食，跟赵合力攻秦，却说'利用秦军的疲惫'。凭着秦国那样强大去攻打刚刚建起的赵国，那形势必定是秦国攻占赵国。赵国被攻占，秦国就更加强大，到那时，还谈得上什么利用秦国的疲惫？再说，我们的军队刚刚打了败仗，怀王坐不安席，集中了境内全部兵卒粮饷交给上将军一个人，国家的安危，就在此一举了。可是上将军不体恤士卒，却派自己的儿子去齐国为相，谋取私利，这不是国家真正的贤良之臣。"

早晨，项羽去参见上将军宋义，就在军帐中，斩下了他的头。

项羽杀了宋义后，走出来向军中发令说："宋义和齐国同谋反楚，楚王密令我处死他。"

这时候，将领们都畏服项羽，没有谁敢抗拒，都说："首先把楚国扶立起来的，是项将军家。如今又是将军诛灭了叛乱之臣。"

于是大家一起立项羽为代理上将军。项羽派人去追赶宋义的儿子，追到齐国境内，把他杀了。项羽又派桓楚去向怀王报告。楚怀王无奈，让项羽做了上将军，当阳君、蒲将军都归属项羽。

项羽又假意向怀王报告说宋义勾结秦人企图谋反，已经将他杀了，现在由项羽代理宋义的职务，请怀王示下。怀王见木已成舟，也只好同意项羽为楚军的新统帅。

项羽诛杀宋义，威震楚国，名扬诸侯。他首先派遣当阳君、蒲将军率领2万人渡过漳河，援救巨鹿。战争只有一些小的胜利，陈余又来请求增援。项羽就率领全部军队渡过漳河，把船只全部弄沉，把锅碗全部砸破，把军营全部烧毁，只带上三天的干粮，以此向士卒表示一定要决死战斗，毫无退还之心。

部队抵达前线，就包围了王离，与秦军遭遇，交战多次，阻断了秦军所筑甬道，大败秦军，杀了苏角，俘虏了王离。涉间拒不降楚，自焚而死。这时，楚军强大居诸侯之首，前来援救巨鹿的诸侯各军筑有十几座营垒，没有一个敢

图 2-5　破釜沉舟——项王故里景区雕塑

发兵出战。到楚军攻击秦军时,他们都只在营垒中观望。楚军战士无不一以当十,士兵们杀声震天,诸侯军人人战栗胆寒。项羽在打败秦军以后,召见诸侯将领,当他们进入军门时,一个个都跪着用膝盖向前走,没有谁敢抬头仰视。自此,项羽真正成了诸侯的上将军,各路诸侯都隶属于他。

章邯的军队驻扎在棘原,项羽的军队驻扎在漳河南,两军对阵,相持未战。由于秦军屡屡退却,秦二世派人来责问章邯。章邯害怕了,派长史司马欣回朝廷去请示公事。

司马欣到了咸阳,被滞留在宫外,待了三天,赵高竟不接见,心有不信任之意。司马欣非常害怕,赶快奔回棘原军中,都没敢顺原路走,赵高果然派人追赶,没有追上。

司马欣回到军中,向章邯报告说:"赵高在朝廷中独揽大权,下面的人不可能有什么作为。如今仗能打胜,赵高必定嫉妒我们的战功;打不胜,我们更免不了一死。希望您认真考虑这情况!"

这时,陈余也给章邯写了封信,说:"白起身为秦国大将,南征攻陷了楚都鄢郢,北征屠灭了马服君赵括的军队,打下的城池,夺取的土地,数也数不清,最后还是惨遭赐死。蒙恬也是秦国大将,北面赶跑了匈奴,在榆中开辟了几千里的土地，最终也被杀害于阳周。这是为什么呢？就是因为他们战功太多，秦朝廷不可能每个人都予以封赏，所以就从法律上找借口杀了他们。如今将军您做秦将已三年了，士卒伤亡损失以十万计，而各地诸侯一时并起，越来越多。那赵高一向阿谀奉承，时日已久，如今形势危急，他也害怕秦二世杀他，所以想从法律上找借口，杀了将军来推卸罪责，让别人来代替将军，以免去他自己的灾祸。将军您在外时间长久，朝廷里跟您有嫌隙的人就多，有功也是被杀，无功也是被杀。而且，上天要灭秦，不论是智者，还是愚者，谁都明了。现在将军您在内不能直言进谏，在外已成亡国之将，孤自一人支撑着却想维持长久，难道不可悲吗？将军您不如率兵掉转回头，与诸侯联合，订立和约一起攻秦，共分秦地，各自为王，南面称孤，这跟身受刑诛，妻儿被杀相比，哪个上算呢？"

　　章邯看了陈余的来信，犹疑不决。秘密派军候始成到项羽那里去，想要订立和约。和约没有成功，项羽命令蒲将军日夜不停地率兵渡过三户津，在漳河之南驻扎下来，与秦军交战，再次击败秦军。项羽率领全部军兵在汙水攻击秦军，把秦军打得大败。

　　章邯又派人来求见项羽，想订和约。项羽召集军官们商议说："部队粮草不多，我想答应他们来订约。"军官们都说："好。"项羽就和章邯约好日期在洹水南岸的殷墟上会晤。订完了盟约，章邯见了项羽，禁不住流下眼泪，向项羽述说了赵高的种种劣行。项羽封章邯为雍王，安置在自己的军中。任命司马欣为上将军，统率秦军担当先头部队。

　　至此，秦军的主力覆灭，项羽部队实力大增。项羽也成就了"灭秦首功"，成为名副其实的诸侯长。

三、西楚立国令天下

　　项羽率领诸侯联军浩浩荡荡向咸阳进发，不久，项羽就接到探马来报，说是沛公刘邦已经占领了秦都咸阳，秦王子婴也已经向刘邦投降了。项羽听到这个消息不禁大怒，下令加速行军。

1. 鸿门有义放刘邦

当项羽军的前部先锋英布到达函谷关时,受到了刘邦部队的阻拦。原来,刘邦在进入咸阳之后,派出兵力把守函谷关。守关将士要他们在关外暂候。项羽勃然大怒,下令英布率军攻关。

刘邦还是按照之前在河津阻击赵将司马昂想率先进兵关中的老办法,仅仅派出数千人守关,甚至都没有派遣手下的主要战将统领,领队的也只是一个副将。刘邦认为凭借函谷关之天险,数千兵力足以挡住诸侯的窥视。但是现在面临的是楚军精锐英布军的狂攻,当然挡不住,只好下令退却。

过了函谷关后,一路之上再无兵马阻挡,项羽所率大军顺利到达戏下(今之临潼附近),这时天色已晚,项羽下令全军就地扎营、安歇,准备明日一早发兵攻打刘邦。

当时,沛公的军队驻扎在霸上,没能跟项羽相见。沛公的左司马曹无伤派人告诉项羽说:"沛公想在关中称王,让秦王子婴为相,珍奇宝物都占为己有了。"项羽大为愤怒,说:"明天准备酒食,好好犒劳士卒,给我把沛公的部队打垮!"这时候,项羽有兵卒40万,驻扎在新丰鸿门;沛公有兵卒10万,驻扎在霸上。范增劝项羽说:"沛公住在山东的时候,贪图财货,宠爱美女。现在进了关,财物什么都不取,美女也没亲近一个,看这势头他的志气可不小啊。我让人觇望他那边的云气,都呈现为龙虎之状,五色斑斓,这是天子的瑞气呀。希望您赶快进攻,不要错失良机!"

楚国的左尹项伯,是项羽的叔父,一向跟留侯张良要好。张良这时正跟随沛公。

项伯连夜驱马跑到沛公军中,私下会见了张良,把事情全都告诉了他,想叫张良跟他一起离开,不能跟沛公一块儿送死啊。

张良说:"我是为韩王来护送沛公的,沛公如今情况危急,我若逃走就太不仁不义了,不能不告诉他。"张良于是进入军帐,把项伯的话全部告诉了刘邦。

刘邦大为吃惊,不知如何是好。张良说:"是谁给您出的派兵守关这个主意?"

刘邦说："是一个浅陋小人劝我说，'守住函谷关，不要让诸侯军进来，您就可以占据整个秦地称王了'，所以我听了他的话。"

张良说："估计您的兵力敌得过项王吗？"

沛公沉默不语，过了一会说："当然敌不过，那怎么办呢？"

张良思索片刻，坚定地说："请让我前去告诉项伯，就说沛公是不敢背叛项王的。"

刘邦说："您怎么跟项伯有交情呢？"

张良回答："还是在秦朝的时候，我们就有交往，项伯杀了人，我使他免了死罪。如今情况危急，幸好他来告诉我。"

刘邦问："你们两人谁的年龄大？"

张良答："他比我大。"

刘邦说："您替我请他进来，我要像对待兄长一样侍奉他。"张良出去请项伯。

项伯进来与沛公相见。沛公捧着酒杯，向项伯献酒祝寿，又定下了儿女婚姻。

刘邦说："我进驻函谷关以后，连秋毫那样细小的东西都没敢动，登记了官民的户口，查封了各类仓库，只等着项将军到来。我之所以派将守关，是为了防备其他盗贼窜入和意外的变故。我们日夜盼着项将军到来，哪里敢谋反啊！希望您详细转告项将军，我是绝不敢忘恩负义的。"

项伯答应了，对刘邦说："明天可千万要早点来向项王道歉。"刘邦答应。

于是项伯又乘夜离开，回到军营中，把刘邦的话一一报告了项王。接着又说："如果不是刘邦先攻破关中，您怎么敢进关呢？如今人家有大功反而要攻打人家，这是不符合道义的，不如就此好好对待他。"项羽答应了。

第二天一清早，项王还未出兵，刘邦已经带着100多名侍从人马来到鸿门。

刘邦首先向项王赔罪说："我跟将军合力攻秦，将军在河北作战，我在河南作战。却没想到我能先入关攻破秦朝，能够在这里又见到您。现在是有小人说了什么坏话，才使得将军和我之间产生了嫌隙。"

项王说："是您的左司马曹无伤说的,不然我怎么会这样!"于是,就让刘邦留下一起喝酒。

项王、项伯面朝东坐,亚父范增面朝南坐,刘邦面朝北坐,张良面朝西陪侍着。范增好几次给项王递眼色要他趁机结果刘邦的性命,又好几次举起身上的玉佩向他示意,项王只是沉默着,没有反应。

范增起身出去,叫来项庄,对他说："你进去敬酒,请求舞剑,寻机将刘邦刺杀了!"项庄进来拔剑起舞,项伯也拔剑起舞,掩护刘邦,项庄没有办法刺击刘邦。

张良见情势危急,就走到门口,找来刘邦的护卫樊哙。樊哙挑开帷帐,直闯军门。项王见了,十分欣赏樊哙的勇猛,还赐酒赐肉给他。樊哙护住刘邦,坐了一会儿。刘邦起身上厕所,樊哙也跟了出来,并建议刘邦迅速逃离这是非之地。于是,刘邦一行人从骊山而下,顺着芷阳抄小路,逃回自己的军营。

图2-6 项庄舞剑 意在沛公——项王故里景区雕塑

按照项羽的磊落的性格,如果他真的想杀刘邦的话,那一定是通过军事进攻,彻底打垮刘邦的军队。在楚汉相争之前,项羽的军事打击目标并不是刘邦,相反,刘邦一直是他的战友或同盟,回想项羽、刘邦当年曾同在项梁部下结为兄弟，共同抗秦，重友情、尚仁义的项羽怎能计杀当年的结拜兄弟，落个不仁不义的骂名？至于范增疑刘邦有取天下之心，项羽从一开始就不放在心上，他更不屑于暗中算计别人，否则，后来又怎么会对刘邦不杀反封呢？

2. 东归彭城立西楚

鸿门宴后，项羽密请楚怀王，任谁当关中王？怀王仅回答两个字——"如约"，意思是就按以前约定的那样办。说这两个字时，怀王显然没有充分考虑灭秦的贡献。

项王不满，打算自己称王，就先封手下诸将相为王，并对他们说："天下发动起义之初，暂时立诸侯的后代为王，为的是讨伐秦朝。然而身披坚甲，手持利兵，带头起事，暴露山野，三年在外，灭掉秦朝，平定天下，都是靠各位将相和我项籍的力量啊。义帝虽说没有什么战功，但分给他土地让他做王，本来也是应该的。"诸将都说："好。"

于是就分封天下，立诸将为侯王。项王、范增担心沛公据有天下，然而鸿门之会已经和解了，又不乐意违背当初的约定，怕诸侯背叛，于是暗中谋划道："巴、蜀两郡道路险阻，秦朝流放的人都居住在蜀地。"又说："巴、蜀也算关中的地盘。"因此就立沛公为汉王，统治巴、蜀、汉中之地，建都南郑。又把关中分为三块，封秦朝三名降将为王，以阻断汉王的东出之路。项王立章邯为雍王，统治咸阳以西的地区，建都废丘。长史司马欣，以前是栎阳狱掾，曾经对项梁有恩；都尉董翳，当初曾劝章邯投降楚军。因此，立司马欣为塞王，统治咸阳以东到黄河的地区，建都栎阳；立董翳为翟王，统治上郡，建都高奴。改立魏王豹为西魏王，统治河东，建都平阳。瑕丘申阳，本是张耳宠幸的大臣，首先攻下河南郡，在黄河岸边迎接楚军，所以立申阳为河南王，建都洛阳。韩王成仍居旧都，建都阳翟。赵将司马卬平定河内，屡有战功，因此立司马卬为殷王，统治河内，建都朝歌。改立赵王歇为代王。赵相张耳一向贤能，又跟随项羽入关，因此立张耳为常山王，统治赵地，建都襄国。当阳君黥布做楚将，战功在楚军中一直属第一，因此立黥布为九江王，建都六县。鄱君吴芮率领百越将士协助诸侯，又跟随项羽入关，因此立吴芮为衡山王，建都邾县。义帝的柱国共敖率兵攻打南郡，战功多，因此立共敖为临江王，建都江陵。改立燕王韩广为辽东王。燕将臧荼跟随楚军救赵,又随军入关,因此立臧荼为燕王,建都蓟县。改立齐王田市为胶东王,齐将田都随楚军一起救赵,接着又随军入关,因此立田都为齐王,建都临菑。当初被秦朝灭亡的齐王建之孙田安,在项羽渡河救赵的时候,曾攻下济水之北的几座城池,率领他的军队投降了项羽,因此立田安为济北王,建都博阳。田荣多次有悖于项梁,又不肯率兵跟随楚军攻打秦军,因此不封。成安君陈余因与张耳抵牾抛弃将印而离去,也不跟随楚军入关,但他一向以贤能闻名,又对赵国有功,知道他在南皮,因此把南皮周围的三个县封给他。番君吴芮的部将梅銷战功多,因此封他为十万户侯。

图 2-7 戏下分封——项王故里青铜群雕

项王自己建都彭城,下辖九个郡,是所有诸侯中占有领土最大的封国,其领地大约在今天安徽、江苏、浙江、江西等省的部分地区。彭城位于下相之西,于是项王自号"西楚霸王"。

项羽的手下有一名儒生向他献计说:"关中这个地方,土地肥沃,人口众多。四周又有函谷关、萧关、武关、散关等四座关隘，是一个进可攻、退可守的宝地。秦始皇正是凭借这里的优势而成就帝业的，大王应当定都在咸阳。"这位书生的建议是有一定道理的，但是项羽心里想的却是："一个人要是富贵了，却不能回到家乡，让父老乡亲们都知道，就好像穿上锦绣时装走夜路一样，有什么意思呢？"所以他没有接受这个儒生的建议，决计还是回到彭城。早在江东起兵之际，项羽便被寄予了复兴楚国社稷的重任。早年，范增曾对项梁进行过这样的时局分析："今君起江东，楚蜂午之将皆争附君者，以君世世楚将，为能复立楚之后也。"项羽作为楚贵族的后裔，也一直自觉地担当起这一重任。如今破秦已经成功，在项羽看来，正是实现复立楚国霸业的大好时机，当然不会留在关中，项羽东归彭城，建立西楚时代，这是顺理成章的事情。

司马迁在《项羽本纪》的最后评判项羽说："……羽非有尺寸乘执，起陇亩之中，三年，遂将五诸侯灭秦，分裂天下，而封王侯，政由羽出，号为'霸王'，位虽不终，近古以来，未尝有也。及羽背关怀楚，放逐义帝而自立，怨王侯叛己，难矣。自矜功伐，奋其私智而不师古，谓霸王之业，欲以力征营天下，五年卒亡其国……"（《史记·项羽本纪》）

司马迁的这一段评论，明确了项羽的历史作用与地位，即项羽率领诸侯兵马，诛灭暴秦，分封天下，自立为"西楚霸王"，全国的政令全由项羽发出，项羽不仅以灭秦盟主的身份做到了封邦建国，而且成为"天下"的实际管理者。司马迁在这一段话里认定项羽"五年卒亡其国"，认为项羽复立楚国的时间是"五年"。

项羽定都彭城这一年是公元前206年，史称"汉元年"。实际上，这是不妥当的。当时的汉，仅仅是项羽分封的一个诸侯国。史学界很多专家都认为，由于此时"政由羽出"，这一年应该是"西楚元年"。遗憾的是，由于《史记》也存在"尊汉"的微旨，所以《项羽本纪》和《高祖本纪》中对于"楚汉战争"期间的历史一直沿用汉纪年,而未用楚纪年。①

四、一局残棋争楚汉

"暴秦已亡,咱们就该各自回家了。"项羽如是计划,但是,事情远没有他想象的那样简单。没有得到分封的田荣率先驱逐、杀死项羽分封的三位齐王,自立为齐王。刘邦此时也明修栈道,暗度陈仓,攻占关中。不久,项羽就面临东西两方面的叛乱,东面是田荣,西面是刘邦。

1. 彭城之战用兵奇

汉二年(公元前205年)十一月,项羽亲率楚军攻打齐国田荣。田荣败退到平原(今山东平原南),被当地人杀死。项羽另立田假为齐王,继续进军北海(今山东东北部)。三月,项羽在齐听到刘邦率领五诸侯联军已经打到彭城的消息,十分震怒,立即亲率三万精兵回师救彭城之围。当项羽军到达彭城郊外时,刘邦已经攻破彭城,每天与诸将饮酒、歌舞庆祝。

项羽在彭城外,连夜做了周密部署。第二天,天刚蒙蒙亮,当汉军还在做着好梦之时,项羽绕道彭城之西面从萧县向东发起了猛烈攻击。三万楚军竟把刘邦的56万联军杀得丢盔卸甲,狼奔豕突,死伤十几万。刘邦率领残部狼狈向西南逃窜,结果在灵璧(今安徽淮北)又被楚军追上,汉军仓皇失措,10多万人慌不择路,涌入睢河水中,河水为之不流,淹死无数,刘邦则被楚军团团围住。就在楚军唾手就可以生擒汉王刘邦之时,突然之间刮起了一阵奇怪的西北风。瞬间天昏地暗,飞沙走石,伸手不见五指。

正是由于老天爷的帮助,刘邦才侥幸地逃脱虎口。刘邦好似那漏网之鱼,急急忙忙中却又跑回沛县老家想带家小逃跑,结果又被楚军抢先了一步,只在半道上碰上他的子女。刘邦在带着他的儿子刘盈和女儿鲁元公主逃跑时,又被楚军追上了。刘邦怕车子行进速度太慢,几次要放弃子女,自己轻车

---

① 林永强:《论西楚时代及相关问题》,见《项羽研究》(第1辑),凤凰出版社2011年版,第86页。

逃跑,幸亏车夫滕公夏侯婴的坚持,才算勉强带着孩子一起逃出。刘邦为了自己活命,连自己亲生儿女都可以牺牲。

彭城一战,刘邦遭到了自起兵以来最大的惨败,其父太公及妻子吕雉都被楚军俘获,众诸侯也纷纷背汉向楚。项羽在这一战中,充分表现了英勇果敢、雄才大略的军事指挥才能,飞兵千里,以少胜多,创下了以3万楚军打败刘邦56万联军的奇迹。

2. 鸿沟为界兵戈息

彭城之战,项羽没有乘胜穷追刘邦,使刘邦又一次得到了喘息的机会。刘邦向西溃退,一直退到荥阳(今河南荥阳)。项羽首先拿下荥阳,刘邦仓皇逃至成皋,再从成皋退回关中。公元前204年六月,刘邦又从宛地北上,夺回了成皋。

从此之后,刘邦和项羽两军在荥阳与成皋之间相持了两年多,也就是说,刘邦一直都在项羽的领地上作战,项羽确实不想再打下去了,纵然是绝对优势的兵力,却始终未越过荥阳一步。就这样,来去数次,楚、汉长久相持,胜负未决。

长期的战争使将士疲惫,百姓遭殃。项王对刘邦说:"天下纷纷乱乱好几年,只是因为我们两人的缘故。我希望跟你挑战,决一雌雄。再不要让百姓跟着受苦!"刘邦笑着回绝说:"我宁愿斗智,绝不和你斗力。"

项羽决斗不成,楚汉之争进入了相持状态。项羽虽然在荥阳战场上屡战屡胜,但是这只是局部战场的胜利,全局的优势却体现不出来;相反,刘邦在和项羽相持的28个月中,战略全局的优势却逐渐抬头。

汉四年(公元前202年)八月项羽接受刘邦的议和,送还被他押为人质的刘太公及刘邦夫人吕雉。双方以鸿沟为界,以东归项羽,以西归汉。随后项羽即率大军撤退。至今,鸿沟两边还有当年两军对垒的遗址,东边是霸王城,西边是汉王城,中国象棋棋盘上的"楚河汉界"即来源于此。

3. 垓下一曲香魂散

鸿沟议和后,张良、陈平却建议刘邦撕毁鸿沟和议,趁楚军疲师东返之机,自其背后发动偷袭。刘邦采纳建议,向楚军突然发起追击。大军追至夏

图2-8　河南荥阳鸿沟

南时,刘邦约集韩信、彭越南下,共同合围楚军。由于韩信及彭越未如约出兵合击楚军,结果刘邦在固陵被项羽打败。刘邦慌忙率军退入陈下,并筑起堡垒坚守不出,楚军又一次合围了刘邦。

刘邦采纳张良的意见,将陈以东直到大海的大片领土封给齐王韩信,睢阳以北至谷城封给彭越。就这样,刘邦以加封土地为报酬,终于搬动了韩、彭两人,使他们尽数挥军南下,同时命令刘贾率军联合英布自淮地北上,五路大军共同发动对项羽的最后合围。

汉五年(公元前202年)十一月,项羽退至垓下(今安徽灵璧东南),筑垒安营,整顿部队,恢复军力,此时楚军尚有约10万人。韩信布置十面埋伏,把楚军包围得重重叠叠。

这天夜里,项羽心情郁闷,饮酒消愁。忽然之间,项羽仿佛听到营帐周围有人唱起了楚歌,声音越来越大,唱歌的人越来越多。项羽不禁感到纳闷:这是怎么一回事? 难道汉军已经攻占了整个楚地? 不然怎么会有那么多人在唱楚歌呢? 原来这是韩信、张良等布下的"四面楚歌"之计,目的就是要扰乱楚军的士气。项羽的意志彻底垮了,他和他心爱的美人虞姬一起借酒浇愁,项羽一边喝酒,一边唱:"力拔山兮气盖世,时不利兮骓不逝。骓不逝兮可奈何,虞兮虞兮奈若何!"虞美人也随着项羽的歌声唱道:"汉兵已略地,四面楚歌声。大王意气尽,贱妾何聊生!"追随项羽数年的虞美人知道自己已经成了项羽此时的拖累,为了项王无后顾之忧,虞美人唱完此曲,饮剑自尽。

4.乌江自刎有遗恨

虞姬死后,项羽倚仗乌骓马神力,带了800子弟兵冲过汉营,马不停蹄地往前跑去。到了天快亮的时候,汉军才发现项羽已经突围,连忙派了5000骑兵紧紧追赶。项羽一路奔跑,等到他渡过淮河,跟着他的只剩下100多人了。又跑了一程,迷了道儿。

项羽来到一个三岔路口,瞧见一个庄稼人,就向他问路。那个庄稼人知道他是霸王,不愿给他指路,哄骗他说:"往左边走。"项羽和100多人往左跑下去,越跑越不对头,跑到后来,只见前面是一片沼泽地,连道儿都没有了。项羽这才知道是受

图2-9 霸王别姬(剪纸) 张亚平创作

了骗,赶快拉转马头,再绕出这个沼泽地,这时汉兵已经追上了。项羽又往东南跑,一路上,随从的兵士死的死、伤的伤。

到了东城(今安徽定远县东南),再点了点人数,只有28个骑兵。但是汉军的几千名追兵却密密麻麻地围了上来。项羽料想没法脱身,但是他仍旧不肯服输,对跟随他的兵士们说:"我起兵到现在已经8年,经历过70多次战斗,从来没打过一次败仗,才当上了天下霸王。今天在这里被围,这是天叫我灭亡,并不是我打不过他们啊!"

他把仅有的28人分为4队,对他们说:"看我先斩他们一员大将,你们可以分四路跑开去,大家在东山下集合。"说着,他猛喝一声,向汉军冲过去。汉

兵抵挡不住。纷纷散开,当场被项羽杀死了一名汉将。项羽到了东山下,那四队人马也到齐了。项羽又把他们分成三队,分三处把守。汉军也分兵三路,把楚军围住。项羽来往冲杀,又杀了汉军一名都尉和几百名兵士。最后,他又把三处人马会合在一起,点了一下人数,28名骑兵只损失了两名。项羽对部下说:"你们看怎么样?"部下都说:"大王说的一点不错。"

项羽杀出汉兵的包围,带着26人一直往南跑去,到了乌江(在今安徽和县东北)。恰巧乌江的亭长有一条小船停在岸边。亭长劝项羽马上渡江,说:"江东虽然小,可还有一千多里土地,几十万人口。大王过了江,还可以在那边称王。"项羽苦笑一声说:"我在会稽郡起兵后,带了八千子弟渡江。到今天他们没有一个能回去,只有我一个人回到江东。即使江东父老同情我,立我为王,我还有什么脸再见他们呢?"

他把乌骓马送给了亭长,也叫兵士们都跳下马。他和26名兵士都拿着短刀,跟追上来的汉兵肉搏起来。他们杀了几百名汉兵,楚兵也一个个倒下。项羽受了十几处创伤,忽然回头看见了汉军骑兵司马吕马童,说:"你不是我的老朋友吗?"吕马童面向项羽,指项羽给王翳看,说道:"这个人就是项羽。"项羽便说道:"我听说汉王悬赏千两黄金要买我的脑袋,并封为万户侯,我就送你这点好处吧!"项羽说完,拔剑自刎身亡。

乌江悠悠,遗恨千古。这遗恨又使我们更加倾情、更加真实地去认识这位英雄,这位震烁古今有血有肉的英雄。

第二节 民间千古说"爱神"

——传颂民间的项羽、虞姬故事

历史与传说故事总是如影随形,不离不弃。传说故事脱离不了历史,但不需要历史的真实。因为传说故事获得了某种历史的根据,才使得其中的故事情节显得真实可信,又因为传说故事不是历史本身,才使得其中的人物和事件更加典型化,艺术感染力得以强化,从而实现它自身的特殊价值。事实上,很多历史学家在史料阙如的情况下,往往会求助于民间传说故事,我国的历代正史、野史和方志的编修者,曾经有大量运用民间传说资源的痕迹。

项羽生活在秦末汉初,距今已经 2000 多年,留下来的史料有限。而史料中关于虞姬的记载,更仅仅限于数十字而已。但是,在民间,却流传着大量的有关项羽和虞姬的故事、传说,历久弥新,经久不衰。这里所说的"民间传说故事"之"民间",并不是由文人建构的虚构空间,而是一个始终存在的社会实体。这些民间传说故事不仅可以作为研究项羽、虞姬,研究西楚时代的辅助材料,而且它本身就是了解民众生活与思想的第一手史料。例如,忠贞思想是中国传统伦理观念中的核心内容之一,本节所选的项羽与虞姬的爱情故事就极具代表意义,项羽作为西楚霸王,居然终生"色不二侵",这与历朝历代的皇帝王侯嫔妃成群的状况,形成了鲜明的对照。而虞姬自打跟定项羽后,就经常随项羽出征,与项羽朝夕相处、心心相印,她的见识、笑影和曼妙舞姿,处处给项羽以安慰和温馨。我们可以看到,这些传说故事具有鲜明的倾向性,这种倾向性本身就是一种价值判断,一种社会理想的表达。

项羽和虞姬的民间传说的地域范围广泛,北起河北,西南到云、贵,东南到台湾、两广、浙江,中部包含苏、鲁、豫、皖等广大的区域,到处都有他们的传说。这些民间传说故事,涉及了很多方面——生活、征战,爱、恨、情、仇,生、死、祭、葬,无所不有,其最精彩的部分,就是项、虞之间的爱情故事。本节侧重撷取作为"爱神"形象的项羽和虞姬的传说故事,这里的"爱神"之"爱",主要是指生死不渝的爱情。

一、龙生虎养楚霸王

关于项羽的诞生,民间有种种神奇的传说。单是项羽的母亲是谁,就有几种完全不同的传说故事——有的说是东海龙王的女儿,也有的说是孟姜女……不论哪一种传说,都爱恨交织,具有鲜明的时代特征。

1. 龙生虎养凤遮阴

当年,秦始皇横扫六国统一天下,国势极为强盛,为了抵御外来侵略,保子孙后代世世为王,他调遣百万民夫修筑长城。长城工程浩大,劳役繁重,民夫们怨声载道。

南海观音体恤民夫,化装成老婆婆来到工地,分发给每人一根头发,让民夫系在扁担上。这以后,民夫们肩上的百斤重担便轻似鸡毛。

有一日,秦始皇来工地视察,见民夫们挑着几百斤的担子健步如飞,就抓了几个民夫审问。秦始皇正想扩大疆土,他收缴了头发,结成一根赶山鞭,要赶泰山填东海。

东海龙王十分气恼,叫来龙女,让她化成民女去接近秦始皇。

秦始皇出游,发现龙女仙姿丽质,龙颜大悦,当即带回皇宫里。龙女在皇宫里熬了十来个月,终于盗得了赶山鞭,急忙拿回东海。不想走到一座山下,忽然腹中阵痛,产下一子。因急于赶回东海,她撇下儿子离去。

山中母老虎出来溜达,发现婴儿大哭大叫,便前去喂奶。树上栖息的凤凰看见了,连忙展翅为他遮阴。在老虎和凤凰的照料下,婴儿渐渐长大成人,此婴儿即为项羽。

项羽成人后,即举义旗,一举推翻了秦王朝。所以,人们说项羽是"龙生虎养凤遮阴"的神人,是天上派来的。

另一个传说与此类似,说项羽为东海龙王的三公主所生,生下来的项羽不睁眼,到了第四十九天睁开眼后伸了个懒腰,结果无意间碰死了三公主,这时就有一只母虎过来给他定时哺乳,刮风下雨的时候,有一只凤凰飞过来给他遮风避雨。

2. 龙女凡间生肉蛋

传说,有一天,东海龙王的三小姐出海游玩,在海边遇到一位英俊健壮、憨厚诚实的青年,这青年就是被秦始皇抓来修长城的小项,家住宿迁城南。两人一见面,情投意合,偷偷地在山洞里住了一宿。第二天,这事被龙王知道了,说三小姐破坏了仙规,硬要斩首,经龙母再三求情,才免于死罪,龙王派人把三小姐痛打了一顿后,赶出龙宫,发誓要与她断绝父女关系。

三公主发现自己已经怀孕,就再来寻找小项,哪知小项已经被秦始皇杀害,三公主痛苦万分,决心生下小项的骨肉。然而,她万万没有想到,她生下的竟是一个肉蛋。三小姐把它丢在河里,随河水漂流,一下子漂到宿迁城南豆腐桥下。豆腐桥旁边住着一对姓项的老夫妻,他们正是被秦始皇杀害的那个青年小项的父母。一天早上,项老汉到桥下挑水,忽然看见水里漂着个肉蛋,便捞上来捧回家。用刀切开一看,里边睡着一个白白胖胖的小男孩,这个小男孩一见光,揉揉眼,开口就说:"啊,可困死我啦。"

项家老两口见此,又惊又喜,哪有小孩子一出生就会说话的呢?小男孩爬出肉包,又哭又喊:"我要妈妈!我要妈妈!"老两口急得没法,不住地烧香磕头,小孩还是哭声不止。

正巧,门外过来一位倒骑毛驴的老道人。得知情况,那道人说:"这不必为难,只要某月某日某时把小孩送到河边,叫他向河里连喊三声'妈妈',他的母亲自然会到来!"道人说罢扬长而去。

老两口按照老道人的话,把孩子送到河边,叫他面向河水连喊三声"妈妈",不多时,只见河水翻腾,从河里走出来一位年轻漂亮的女子,她就是东海龙王三公主。三小姐上岸抱起孩子,并喂了奶,同时告诉孩子,他的父亲是被秦始皇杀害的,要他长大以后为父报仇。喂完奶,三小姐就回龙宫去了。

小男孩吃了龙女的奶水,风一般地渐长,不几年便长成一个五大三粗的壮小伙子。小伙子生性爱习武,力能举鼎,项老汉给他取了个名字叫项羽。

3. 项羽生母孟姜女

据民间传说,秦时,范喜良被秦始皇的差役抓去修造万里长城。其妻孟姜女吃尽千辛万苦,赶往千里之外的长城寻夫。孟姜女来到长城下,却听说自己的丈夫已被折磨死了,她万分悲痛,扑倒就哭,不料一段已建好的长城应声倒下。

就在孟姜女哭倒长城时,正好秦始皇巡视到此,他看到孟姜女把长城哭倒了,便差人鞭打孟姜女。孟姜女恨不得与这个暴君拼命,但这时她已有9个月身孕。为了保全范喜良的根苗,在当场劳工的帮助下,只好忍痛转身逃跑。

秦始皇见此,又派一队御前武士紧紧追赶。孟姜女逃到乌江边时,前无船只,后有追兵,肚子又突然一阵阵作痛,实在没法,便一纵身跳进了乌江。

这一天，正巧渔夫项梁在乌江上打鱼，天快黑的时候，忽见远处江面上一片黑压压的东西慢慢地向渔船漂来。漂到船前时，就听"嘟"的一声飞起一群乌鸦，乌鸦飞走后，水面上竟浮出一个刚出生的婴儿，身上还粘着不少羽毛。项梁急忙抱起孩子，却又见一个女人在水中向其挥手以示谢意，之后，忽然又不见了。善良的项梁收养了这个孩子，但船上没有奶，怎么办？项梁就用鱼汤喂，由于鱼汤营养丰富，孩子长得非常结实。后来项梁给这孩子取名叫项羽。

项羽长大成人后，力拔山，气盖世，成了秦始皇的死对头。

4. 项羽力大称"蝥藉"

在项羽的家乡宿迁，哪家小孩要淘气，家里大人就吓唬说："不要淘气，蝥藉来了！"小孩就老实了。尤其是不懂事的孩子，晚上在床上哭闹，只要大人说："蝥藉来了！"小孩就往被窝一钻，不哭不闹。可是孩子们从来也未见过"蝥藉"是什么样子，总认为蝥藉是个妖怪，其实"蝥藉"的说法是从楚霸王项羽身上得来的。

原来楚霸王的乳名叫冒籍。家住在宿迁城南关口，后来起名叫项籍。冒籍从小身体就生得魁梧结实，力大无穷，又爱打抱不平。七八岁时，常和孩子们一起玩耍，一些富人家的孩子常常欺负穷人家的孩子，只要冒籍看见了，他非要把这些欺负人的孩子打得告饶不可。因为他的力气太大了，有时这些富家的孩子被他打得头破血流，就去告诉家里大人，找冒籍讲理算账。冒籍不但不买仗，还说："谁欺负人，我就管谁，不服气，俺就来试试！"这些富人气得没办法，叫几十个孩子来打冒籍一个，冒籍毫不在乎，挥起拳脚把这些欺负人的孩子都打得鬼哭狼嚎，跑到家里躲了起来。后来这些孩子一听说冒籍来了，就吓得不敢露头了。

一些富人恨透了冒籍，就把他说成了"蝥藉"（妖魔、强盗），一直流传至今。

二、虞家有女初长成

关于虞姬的身世,目前还找不到史书的记载,但是,民间也有各种各样不同的传说。虞姬的父亲是谁;他是干什么的,关于这个就有种种不同的传说故事——有的说虞姬的父亲是跟随楚国大将项燕从军的楚将,也有的说他是个猎手,还有的说他是当时最著名的民间铸剑高手……

1.虞姬父亲是楚将

在宿迁市沭阳县颜集镇,有一条小河名为"虞姬沟"。虞姬沟上游的一个河湾里,有一个大池塘,名叫"胭脂塘"。每到夏季,胭脂塘里,碧波粼粼,荷花馨香;胭脂塘边,芦苇青翠,随风起舞。这里人们常常在夏日的晚上,来到胭脂塘边的垂柳下纳凉,纳凉的人们总不忘向孩子们讲述胭脂塘的传说。

图 2-10　虞姬故里沭阳县的虞姬沟

传说,虞姬姑娘的家就在这虞姬沟边。虞姬的父亲叫虞侃,跟随楚国大将项燕从军,母亲勤劳持家,照顾虞姬和她的哥哥虞子期。虞姬从小聪敏、伶俐,男女老少都喜爱她。到了六岁,父母为这一双儿女请来了一位先生,教他们读书、写字、习文。先生见虞姬聪明又用功,常夸赞她,母亲也因此非常高兴和自豪。

有一天，虞姬的父亲虞侃回来，见两个孩子学习十分用功，非常高兴，决定带他们兄妹两人出去见见世面。

虞侃把孩子带到军营里，天天都要他们到校场上去观看那些兵将们挥刀耍剑、舞棒弄枪、操练石锁、张弓射箭。小虞姬站在一旁，看看这边，望望那边，看得她眼花缭乱，高兴地拍着小巴掌不住声地喝彩。看着看着，她还会不自觉地模仿士兵的动作，逗得将士们开怀大笑。大将项燕见了，也豪爽地夸赞说："看看，咱们楚国兵家后继有人啊。"

虞侃心里被说得甜滋滋的，却仍然谦逊地说："小女年幼无知，过奖，过奖!"谁知小虞姬听了这话，把头一扭，急忙说道："父亲，等我长高了，一样能骑马耍剑，一样能上阵杀敌，不信，我现在就耍给你看。"说着，就拿过父亲手中的宝剑，用尽全身力气学着耍剑的姿势，又一次逗得大家哄堂大笑。

三个月后，由于军情紧张，小虞姬和哥哥只好又被送回家。回家以后，兄妹两人就一面读书，一面练武耍剑。母亲希望女儿学习琴棋书画，所以不让她像哥哥那样操剑练武。

虞姬受到母亲严厉管教，不敢在家里和哥哥一起练武，可是她还是会偷偷摸摸地跑到外边去耍剑。到哪里去练呢？她跑到河套里，这里有青青的芦苇遮住，外面的人看不见。她躲在这儿耍剑，常常练得满头满脸的汗水，她怕回家去洗脸被母亲发现秘密，就在旁边的一个水塘里洗脸。脸上的胭脂花粉被洗掉了，随着清清的溪水往下游淌去。下游的人常常能闻见水中胭脂花粉的香气，都觉得蹊跷。

下游的人想探个究竟，就顺流水往上游来寻找，最终还是发现了虞姬的秘密。原来是虞姬姑娘洗脸留下的，从此，虞姬沟两岸的人们就把这个秘密传播开来，还为这事儿编成歌谣，四处传唱，一直唱到今天："溪水清，清水溪，胭脂塘里香水气。香水气，有秘密，虞姬耍剑笑眯眯。"

2. 虞姬出生在猎户

另外的传说则说，虞姬出生在一个猎户家庭。在虞姬还很小的时候，她的母亲为了保护她，舍身与恶虎搏斗而罹难，于是她的父亲发誓要报仇杀虎。

终于有一天，虞姬的父亲发现了恶虎踪迹，他射伤了老虎，并一直追踪到虎穴。

在虎穴里,虞姬的父亲意外地发现了与虎为伴的一个三四个月大的孩子,在"嗷嗷"地用幼小的身躯护着身负重伤的老虎。虞姬的父亲看到这一幕,慢慢地放开拉紧的弓弦,感动地流下了眼泪,救出了这个孩子。

令虞家奇怪的是,这个孩子虽然还没有半岁,就能够说话。大家都觉得他非同寻常,就让虞姬的父亲按照孩子的指引,把他送回了下相的项府。原来,项家是楚国的贵族,这个孩子名叫项羽,几日前不小心丢失,正在到处寻找。

自此,项、虞两家交往甚密,后来结为儿女亲家。

3. 虞姬自幼武功高

还有的传说,说是虞姬从小就跟随父亲上山打猎,练习骑射,还偷偷摸摸学了点轻功和剑术。

一天,父女两人上山打猎,突然发现一只大野猪在咬竹笋,虞父"嗖"地射出一箭,受伤的野猪顿时两眼火红,拼命向虞姬反扑过来,俗话说"箭伤野猪猛似虎",当时虞姬正在一条狭窄的险路上,无处躲闪,虞父要放箭,又怕伤了女儿。只见虞姬就势一倒,来了个"兔子蹬鹰",把野猪蹬下陡坡,然后腾身跃起。虞父这才知女儿艺高胆大。父女俩抬着野猪回家,村里人知道后,都赞扬虞姬有勇有智。

过了几年,虞姬越发长得漂亮,村民都争着给她提亲,可她只是摇头,不理人家。有些愣小伙子主动找上门来,但总要挨虞姬的拳脚。有一天,虞姬正在山上晒兽皮,忽听山那边传来马的奔跑声,还有个人在马上高声喊道:"帮我勒住马!"瞬间,一个大汉骑着无鞍无辔的大黑马跑到近前。虞姬三脚四步赶上去,一把抓住野马的顶鬃,喝道:"吁——"那匹乌光发亮的野马竟然乖乖地停了下来。

原来这大汉在山上玩耍,见黑马非常凶猛,便上前抓住并骑上,哪知那马不服,驮着他狂奔起来,一跑跑了百十里。此时,他已支持不住了,所以才叫人拦马救他。

大汉下马后,正要拜谢勒马的义士,但定眼一看,却是个妙龄女子,顿时变了卦,他一面拱手致谢,一面很不服气地说:"要不是你把它拦住,我还要它跑九九八十一个山头,非把它驯服不可。"虞姬听了这话,虽觉得不好听,但从心里却喜欢这大汉的英武,于是故意拿话激他:"既然你有驯服它的本事,为何还要喊人拦呢?"

大汉不肯在这纤纤淑女面前丢脸认输,便气呼呼地说:"这是一匹宝马良驹,我怕伤了它的性命。"虞姬也不再发问,只在一旁微笑。哪知大汉抓着鬃毛,一下把大黑马举了起来,放回地上后,对虞姬说:"你看如何?"虞姬一见,非常佩服大汉的臂力,于是笑道:"英雄远道而来,请到家中喝碗水酒。"说完手指山下,施展轻功,纵身跳下。

大汉拜见了虞姬父母,自述是下相项府楚将项燕的孙子,名叫项羽。村里的三老四少便上门为项羽提亲,项羽见虞姬如天仙一般,又会武功,有胆有识,便一口应承。

三、项、虞的相知相爱

项羽和虞姬,一个在宿迁城区,一个在沭阳,相距至少 40 公里,在那秦末动荡的岁月里,这两个人是怎样认识的,又是怎样相知相爱的呢?下面的传说故事,尽管说法不尽相同,但项、虞之爱却形象生动,栩栩如生,确实是"正史"所不及的。

1. 虞乃外婆邻家女

传说,一次项羽从下相(今江苏宿迁)家中去舅奶(舅奶是沭阳人对外祖母的称呼)家,快到舅奶家的村庄时,路过村头一桥,在风景如画的河边看见一个少女正在洗衣服,美丽的身影倒映在清澈的河面上,美丽极了。少年的心里已经深深爱上了她,在那座小木桥上,少年像被施了定身法,呆呆地望着,"此女只应天上有,莫非天仙下凡来"。少女也发现了望着自己的少年,定睛一看,"莫非天神下凡",竟有如此英武少年。少女忽然脸红,害羞地端起衣服跑进了村庄。

少年项羽到舅奶家后,无心再到处游玩,悄悄地向舅奶打听在河边见过的少女,当听到她就是舅奶所在村的虞家女儿,并听舅奶夸奖此女美丽能干时,项羽喜悦之极,这让舅奶看出了门道。

少年回家后,对母亲说了他看上虞姓美女一事,母亲叫他喊来叔叔项梁相商,大将军项梁听侄儿一说,当然同意,立即派媒人前去提亲。虞家也知下相项家一切,当然应允,美女虞姬更是喜在心里。之后,少年项羽经常以探望舅奶为由,到虞家村与虞姬相会,两人立下山盟海誓,此生永结同心。

2. 项羽举鼎虞生情

另一个传说则说,项羽和虞姬初次相见是在庙会上。

虞姬出生在沭阳颜集镇虞姬沟旁,她美丽聪慧,能歌善舞,她的脸蛋像苹果那样娇艳红润,她的眼睛像泉水一样清澈明亮,她的歌声像黄鹂的鸣唱清脆悦耳,她的舞姿像天上的白云曼妙优美,人人都说虞姬是人间仙子。许多人要给虞姬提亲,都被她拒绝了。

有一年,农历三月三逢庙会,虞姬跟母亲一起从门前的小木桥上过河,去赶庙会。虞姬看到有一群年轻人围着庙门前的大鼎,要比试看

图 2-11　沭阳县颜集镇虞姬雕像

谁的力气大可以撼动大鼎。大鼎稳实地立在文庙前不知经历了多少年,往来的香客只是礼拜、烧香,从来没有人想过要移动它。相传大鼎有九百九十九斤重,但谁也没有真正称过,因为没有人可以挪动它。

这群青年都想显示自己的力气,轮换几个来搬大鼎,那大鼎纹丝不动。这时人群中走出一名壮士,20岁上下,高高个子,足有八尺,身板厚实,威风凛凛。只见他不慌不忙,稳住步子上前,双手抓住大鼎的腿,深吸一口气,将千斤大鼎用力一举,没费吹灰之力就举过头顶。接着,壮士稳步绕场转了一圈,

又把大鼎稳稳当当地放在原地,大鼎中香灰丝毫不撒,香柱丝毫不歪。一旁观看的人不约而同地鼓起掌来,壮士也在众人的赞叹声中,骑上高头大马直向西南方向——下相奔去。虞姬姑娘望着心目中的"大力神"远去的潇洒背影,心里生出无限的敬意。

3. 寻访英雄赠宝剑

虞姬赶回家中,急忙去寻哥哥,要把遇见举鼎"大力神"的事讲给他听。此时的虞子期正手持自己花费多年心血才铸成的宝剑仔细把玩欣赏,面露难得的欣喜之色。虞姬意识到:哥哥多年的梦想终于实现了——他潜心研究多年,就是要造出这把"天下第一剑"。

虞姬接过宝剑,只见剑柄朴木做鞘,外包鱼皮;剑身涵光宝锋,霸气十足;剑韧十分锋利,削铁如泥。虞姬就在院子中间舞了起来,只见她把手挥向前方,用她的手腕转动剑柄,剑也慢慢转了起来。午后的阳光下,宝剑在虞姬的手中闪耀着夺目的光芒,渐渐地,剑越转越快,把地上的花瓣也卷起来,空中飘着淡淡的花香……

虞子期说,这么多年了,这把剑终于铸成,只可惜,还没有找到配得上这把宝剑的英雄。虞姬立刻想到刚才在庙会上见到的举鼎壮士,急忙说:"哥,我今天见到了一位壮士,他也许能配得上你这把宝剑!"接着虞姬就把自己在庙会上见到的事情向哥哥讲了一遍。虞子期听罢妹妹述说,心中暗想:我一定要找到这位壮士,看看他是不是能够替天行道的真正英雄。第二天,虞子期便带上自己亲手铸造的宝剑,顺着妹妹指点的方向,向西南方向寻访。三查两问,终于在下相访到了这个举鼎英雄,他名叫项羽。

项羽和虞子期志趣相投,相谈甚欢。虞子期将宝剑交给项羽,并郑重地对他说:"君大智大勇,膂力超人,灭秦兴楚,唯君是望。自古宝剑赠英雄,这把剑赠给你佩带最为合适!"临分别时,虞子期又邀请项羽去他家做客,项羽答应次日就去造访。

4. 英雄救美在木桥

虞姬沟的夏天特别美丽,两岸绿树成荫,河面波光粼粼。虞姬轻撑小船,漂过小木桥。她卷起衣袖,挽起裤腿,白皙的小腿旁边,到处是艳红的菱角,浑圆柔软的手臂在阳光下如玛瑙般透明水亮,有节奏的采菱愈显她婀娜的身姿。

这时河边竹林的小道上传来清脆的马蹄声,马背上是一位青年,他背着一把宝剑,英气逼人,这人就是应邀前来回访虞子期的项羽。项羽行至桥上,被船上那超凡脱俗、美艳无比的虞姬吸引住了,不由勒马慢下脚步。虞姬也立刻认出这位力可举鼎的大力英雄,而他的佩剑正是哥哥所造。看见项羽在直勾勾地注视着自己,虞姬不由害羞地低下了头。此时的虞姬面若桃花,娇艳无比,项羽感觉到整个河面被虞姬的美丽所照亮,这样的一幅绝美的画面强烈地触动着他心灵深处爱的心弦。

时光仿佛在此刻静止。虞姬河的河神也被眼前的情景打动了,决定成全项羽和虞姬,就招徕最得力的助手河鼋,交代它如此这般行事,就可成全这一桩美丽的姻缘。

再说虞姬。她突然感到一阵摇晃,平静的河面上,小船慢慢倾覆,虞姬也缓缓落入水中。虞姬此时怎么也不会想到,这一切都是虞姬沟的河神为了成全他们安排而让河鼋有意而为。项羽见美人落水,不顾一切地跳下马,跃入水中,将花朵般美丽的虞姬救上了小桥。虞姬醒来,发现自己已躺在英武勃发的项羽怀中。她感觉这一切像做梦,就幸福地闭上眼睛,静静地享受着项羽那宽阔坚实的胸怀。

5. 虞姬示情赠"玉鸡"

相传,项羽曾在虞家住了一段时间,每天和虞子期一同阅读兵书,研究兵器,谈论战事,还经常在后院里操戈练刀,赛马比武。虞姬眼见了这位英雄的英武与率真,在内心里深深爱上了这位英雄。虞姬姑娘能歌善舞,又常为项羽吟诗舞剑,再加上她貌美如仙,项羽也暗暗地喜欢上了她,但谁都没有开口表白。

几天以后,项羽要回家了,走到虞姬河的小木桥头,想到在这里初见虞姬,不由回望虞家,希望能看见虞姬,但是心中美人没有出现。

忽然,从旁边的翠绿的竹林里,走出来一位衣袂翩翩的红衣少女,竟然是天仙一般的虞姬。原来她知道项羽必经此桥,就早早在这里等候。虞姬拿出一对"玉鸡"(鸡形玉佩),取出其中一只,送给项羽。

项羽立刻明白了姑娘的心意,轻轻拥住虞姬,对天发誓,今生今世,只爱虞姬。果然,后来项羽兑现了他的承诺,他一生"酒不三巡,色不二亲",成了千古美谈。

据传说,项羽和虞姬相爱的那一年夏天,雨水甚多,虞姬河河水猛涨,小木桥被冲垮。虞姬站在河边垂泪,因为那小木桥上曾经留下她最美好的爱情故事。

项羽看懂了虞姬的心思,也看到了乡亲们出行的不便,便决定垒石桥。附近河滩有几堆巨石,个个都有好几百斤。项羽挽起衣袖,运足神力,只听他"啊"的一声长啸,一块最大的石头被他搬起。项羽徒手搬石,很快在河面上垒砌成了一座石桥。

后来,当地的人们为了纪念项羽,就把此桥命名为"项王桥"(又叫"霸王桥")。今天的沭阳县颜集镇的虞姬沟上就有一座"项王桥",传说这里就是项羽所垒石桥的旧址。

图 2-12　虞姬沟上的"霸王桥"

6. 梧桐"蜕皮"因虞姬

传说,项梁、项羽当年带领八千子弟兵过江一路北上,路经虞姬沟、虞溪村一带。虞姬姑娘一听说是项羽回来了,又惊又喜,立刻跑过去迎接。恰巧,项羽和虞姬迎个对面,两人心潮翻滚,万分激动,就站在院外的梧桐树下叙谈起来了。

久别重逢,项羽和虞姬从下午谈到傍晚,又谈到圆月高升。他俩的爱,深深地感动了梧桐树。梧桐树望着这一对情深义厚的情人,心中也乐滋滋的。天空的露水珠悄悄地下来偷听他俩的心里话,梧桐树生怕露水沾在虞姬和项羽的身子上,就忙用自己的一张张大绿叶子遮住露珠,让他俩亲切地叙谈。

虞姬听着项羽表达如何思念的话,甜蜜又含羞地面对梧桐树,不自觉地拽着梧桐树身上的树皮,梧桐树就忍住疼痛,默不作声。

树皮被他俩拽掉一块,又悄悄地长出一块。就这样,树皮被他俩不断地拽下来,又不断地长出了新的树皮。所以一直到今天,梧桐树上的树皮总是年年不断翘起来,又不断长出新的树皮,相传这就是从项羽和虞姬姑娘相会时开始形成的。

7. 项、虞洞房"撒帐子"

虞姬沟北边,离虞溪村五里,有一个雄居洼地当中屋基很高的村庄,叫项家宅。这是西楚霸王项羽家的客庄,项羽和虞姬就是在这里成亲的。据《沭阳县地名录》记载:"项宅:相传项羽曾居于此。"

传说,项羽是在行军途中来到虞溪村的,所以决定在虞家宅北边的项家宅上搭起高大的帐篷作为洞房。

到了喜日子这天,虞姬姑娘的大红花轿抬到项家宅,只听外面鞭炮噼里啪啦震耳欲聋。项羽的大帐篷里面,烛光闪闪,人人喜气盈盈,有的说,有的笑,还有的嘴里哼着小调子,真比逢年过节还热闹十分。

再说项羽手下士兵都想来看新娘子,可是这成千上万的人怎么看? 项羽的叔父项伯想出个点子,让大家推选出十几个代表来闹洞房,这些代表中有一个叫吕马童的小伙子,又机灵又会说俏皮话,听说要闹洞房,真是高兴极了。

到了晚上，闹洞房的人都进了帐篷内，只见虞姬娘娘生得美丽动人，脸蛋白里透红，头发又黑又亮。头上插的那根兰花簪子耀耀发亮。一双水汪汪的大眼睛就像砖井水一样清明。新娘子站在洞房内默不吱声，好像露出水面的一朵鲜荷花，亭亭玉立，婀娜含娇。

这闹洞房的十几个小伙子看着看着，简直看得入了迷，暗暗嘀咕道：虞姬娘娘要是能笑一笑，那就更美丽了。于是，闹洞房的人就想方设法逗她笑，有的做鬼脸，有的说笑话，有的学马叫。逗来闹去，就想把新娘子引笑。

这时，调皮鬼吕马童把眼珠转了转，想了个主意，弄来许多花生、白果、栗子，高声喊："不要吵，不要闹，一笆斗珍珠抬来了！"

说着，吕马童就抓起白果、栗子和花生向帐篷里撒去，边撒边说喜话："一把珍珠撒在东，两支红烛赤彤彤。二把珍珠撒在西，将军娘娘配夫妻……"

吕马童像一挂鞭似的说下去。虞姬娘娘听着听着，觉得吕马童耍出这一套花招非常新奇，禁不住扑哧一笑。这一笑可不简单，引得大家哄堂大笑。

洞房闹过之后，人们对吕马童撒帐子说喜话的事争相传讲，一传十，十传百，百传千，千传万，从这以后，苏北民间有人结婚时，都要用撒帐子说喜话的办法来闹洞房，用以引起新娘子快乐欢笑，并用来祝福新郎、新娘过得甜蜜，过得幸福。

8."二不"之誓终身守

项羽和虞姬结婚后，项羽立下"二不"之誓，"酒不饮三，色不侵二"，即终身不纳二妻，喝酒绝不超过三杯。

项羽荣登西楚霸王位之后，与范增商议庆典之事，范增劝项羽选妃。

项羽听罢，令虞姬跪在范增的面前。范增大惊，慌忙起身说："娘娘何故如此，折杀老夫了。"

项羽说："孤从未有另娶之意，如今亚父忽出此言，想必虞姬有过，故而亚父劝孤选妃。"

范增连忙说："娘娘何罪之有？"

项羽说："吾与虞姬情投意合，相亲相爱，发誓酒不饮三，色不侵二，虞姬既然无过为何另选？若再提此事定斩不饶。"

范增连连叩首曰："知罪知罪,不过不能在庆典酒筵上只喝三杯酒呀? 几年来大伙跟大王南征北战出生入死,理当庆贺一番。"虞姬沉吟了一会出主意道:"既然是庆功,就允许对一个人只喝三杯,如何?"范增领悟,大喜曰:"妙哉,娘娘乃天下第一奇女子也。"

宿迁及附近地区的酒宴上,陪酒一般都是三杯,这个规矩,就是从虞姬那时候传下来的。据说,尽管虞姬如此圆场,项羽在大婚当天,还是只喝了三杯酒,他的"二不"之誓,终身严守。

四、千古"神坛"祭英灵

在民间,项羽和虞姬一直是人们心中的"爱神",他们的爱情故事感动了一代又一代人,也作为"正能量"激励了一代又一代人。他们的爱,还远远超越了男欢女爱——项羽对朋友、将士的爱自不必说,他甚至对背叛自己的人也一样的慈悲,甚至爱惜自己的战马超过爱惜自己生命……项羽和虞姬自刎后,人们一直没有忘记他们的大爱情怀,把他们供上了神坛。相应的,民间出现了很多具有鲜明神话色彩的传说故事。

1. 乌江身死英灵在

相传,项羽溃败至乌江,觉得无颜见江东父老,在凤凰山脚下,他看见一口古井,就准备投井自尽,却见原先敞开的井口陡然封闭,使他欲投不能。项羽愤然拔剑连连刺向井口,悲号不已。项羽死后不久,此井被刺处豁然呈现三个圆洞,像是项羽满是遗憾的眼睛……时至今日,霸王祠正南的山脚下,这口"三园井"依然还在。一口井有三个井口,实在不多见。从"三园井"向上,山坡上有一棵苍老的古树,树干中间裂开、根部相连,这便是有名的"相依树"。

项羽自刎后,被吕马童等人分尸。当地百姓敬仰项王,将其血衣掩埋,堆起了项王衣冠冢。传说,就在埋葬血衣的当天,坟前便长出一棵清秀的树苗,后被牛吃,但很快又长出一株新的树苗,不屈不挠,反复几十次。有一天,一个渔民夜间经过此地,清晰地听到女子的哭声,就是不见人影。天明方大悟,原来是虞姬夜间来此陪伴项羽。

图 2-13 乌江边上的"相依树"

后来，乌江人将坟墓圈护起来，果见坟山常有彩霞紫雾缠绕。后来又依项王的衣冠冢，建了霸王祠，唐上元三年(762 年)书法家李阳冰篆额曰："西楚霸王灵祠"，唐会昌元年(841 年)宰相李德裕撰写《项王亭赋并序》，其中写道："自汤武以干戈企业，后之英雄莫高项氏，感其伏剑此地，因此，赋以吊之。"南唐文学家徐铉撰写《项王亭碑》，南宋绍兴二十九年(1159 年)，命名乌江项羽庙为"英惠庙"。传说，只有皇帝方可建祠百间，人们十分热爱项羽，给他建了九十九间半的"霸王祠"

2. 项祠墓木存余悲

南宋时期洪迈的笔记小说集《夷坚志》中，记载了一个项王显灵的传说：

宋时，安徽和州有个读书人名叫杜默，善歌赋，其人虽有才学，但多次参加科举考试均名落孙山。又一次考场失败后，杜默经过乌江，便备下香烛，入项羽庙拜谒。

时正被酒醉,才炷香拜讫,径升偶坐,据神颈拊其首而恸,大声语曰:"大王,有相亏者!英雄如大王,而不能得天下;文章如杜默,而进取不得官,好亏我!"

杜默烧香磕头之后,越想越觉得自己委屈,竟然登上神坛,搂着项羽神像的脖颈,抚摸着神像的头边哭边诉说自己的不平来。

庙祝急忙将杜默拉走,回到项王庙点起蜡烛,面前的情景使他惊呆了:项羽的神像因为杜默的遭遇而动容了,眼中满是慈爱,而且流泪不止……

两千年来,乌江边上的项王庙香火不断,杜默谒项王的故事也流传不衰,项王的慈爱精神也代代传扬。到了清代,又有一个读书人来到乌江边,他是当时的贡生范琴波。范琴波走进项王庙,想到了这里曾经发生的故事,感慨万千,为项王庙做了一副楹联,联曰:"司马迁乃汉臣,本纪一篇,不信史官无曲笔;杜师雄是豪士,临祠大哭,至今墓木有余悲。"

3. 濯田"五庙六霸王"

在福建长汀的濯田镇,一直就有"五庙六霸王"的神奇传说。说的是南宋淳熙年间,汀州一带发生牛瘟,农家耕牛几乎死亡殆尽。为使春耕不受影响,下洋村人决定派王四郎前往中原买耕牛。

一日,天色已晚,王四郎赶着耕牛来到安徽和县乌江北岸霸王庙,便住了下来。夜半时分,王四郎突生一梦,梦见项王站在面前,大声斥道:

"洪水将至,速速赶牛过江。"

四郎从梦中惊醒后,将信将疑地迈步出门。只见星空万里的好天气,霎时风起云涌乌云密布。

于是,他急忙动身,将耕牛赶过江去。不一会,暴涨的江水漫过江岸,对岸已是水天一色。耕牛脱险后,王四郎无比感激,当即跪地朝北,立誓兴建庙宇,世代不忘霸王恩泽。

从此,下洋村人感念项王的仁爱,建起了下庙、上庙、郑坊庙、上杭庙、连城庙等五座项羽庙,其中,下庙雕塑有文、武身像两尊霸王,于是,濯田从此有了"五庙六霸王"之说。

4. 十八金锣千古谜

全国各地,项羽到过的或者没到过的地方,甚至隔着海峡的台湾地区,都有项羽庙。位于浙江省绍兴著名风景区豆腐尖北麓的草湾山也有一座项羽庙，这座项羽庙与其他地方，因为它与"十八金锣的千古之谜"有关。

项羽和叔父项梁曾有一段时间生活在会稽（即浙江绍兴）一带，并得到当地村民的庇护和照顾。后来，人们为纪念项羽，就把他们住过的村庄叫项里村。

公元前 209 年，陈胜、吴广在大泽乡揭竿起义，准备推翻秦王朝。项羽和叔父项梁在吴地举事响应，杀了会稽郡太守殷通，收服属下各县，招募 8000 精兵。队伍组建后，项羽叔侄两人日夜组织操练。据传说，为壮军威，在地方百姓的支持下，项羽铸造了 18 面金锣供军队操练使用。金锣质地 80% 为金，20% 为铜，价值不菲。渡江北上抗秦前夜，为报答当地村民，项羽命士兵在营地附近连夜隐埋 18 面金锣，并在当地草湾山石壁上，刻下标记埋藏 18 面金锣位置的字符。

2000 多年来，一直有人到山上寻找项羽刻下的神秘字符，渴望得到稀世珍宝，但没有一个人能够解开字符的含义，更没有人发现项羽留下的宝藏。明末清初时，绍兴著名学者张岱就曾在草湾山上住了数日，意图揭开字符之谜，然终究未能如愿。

清朝乾隆皇帝游会稽山时，听闻该传说，也曾特地到项里村附近查访，最后也同样失望而归。

据绍兴地方百姓介绍，刻着字符的石壁在草湾山山顶一块地势稍平的地方。青石长约 3 米，宽约 1 米，表面粗糙，虽经千年风吹雨打，但字迹依然清晰。字符刻入深度约 6～7 毫米，字体古朴，笔画横直，形状方正。不似篆文，也不似金文，倒像一幅地图。

项羽当年刻下的到底是字符还是地图，18 面金锣究竟埋在何处？这些一直成为绍兴当地一大谜团，至今无人能够解开这个秘密。

5. 虞美人花慰香魂

"虞美人"这个花名很特别，关于这个别具一格的名称，还有一段美丽的传说呢。

当年"身长八尺、力能扛鼎、才气过人"的楚霸王项羽，一朝被刘邦重兵围困在垓下，眼看兵少食尽，将士们疲惫不堪，饥饿难挨。当夜，楚营中又突闻四面楚歌，人心惶惶，楚霸王夜不能寐，心情烦闷地坐在军帐中饮酒。当时，面对他的知心爱人虞姬，面对多年伴他驰骋战场的骏马，楚霸王抚今追昔，感慨良多，心潮难平。后来，他就情不自禁地慷慨悲歌："力拔山兮气盖世，时不利兮骓不逝。骓不逝兮可奈何，虞兮虞兮奈若何！"虞姬含泪和着楚霸王的歌声也吟唱起来，两人反复唱了几遍，虞姬和左右随从也都泣不成声，楚霸王也忍不住流下了泪。虞姬虽然得到项王宠爱，与项王难舍难分，但她也是最理解项王为人的，为了不使项王为难，她抢先拔剑自刎了。

后来，在虞姬血染的地方就长出了一种罕见的艳美花草，人们知道，这是虞姬的香魂所现。为了纪念这位美丽多情又柔骨侠肠的虞姬，人们把这种不知名的花叫作"虞美人"，这名称就一直流传到今天。

6. 虞庙大梁是"鱼脊"

相传，虞姬娘娘自刎身亡之后，故乡的百姓为了纪念她，就派了四个精明强干的人到外面募集材料，为虞姬娘娘建造大庙。

这四个人从虞溪村出发，分别往东、西、南、北四个方向走去。

往正南方向去的人运来了一大批青砖和筒子瓦，往正北方向去的人运回来又粗又直的好木料，往正西方向去的人请来了一批巧手工匠，往正东方向去的人请来了设计师。可是，当时还是刘邦坐天下，怎能让你盖虞姬庙呢？设计师想了个好主意。他编了一个神话，逢人便讲：

一天正午时，虞姬沟里忽然翻起了一个大水花，就听"吧嗒"一声，从水里跳上来一条大鲤鱼，大鲤鱼在地上连蹦三下，脱下了一张鲤鱼皮。这鲜艳的鲤鱼皮有美丽的花纹，巧手工匠们一看，哈哈大笑起来，原来这是一幅比龙宫还漂亮的五彩图。后来人们才明白，原来这是东海龙王送来的虞姬庙设计图。人们再仔细朝地上一看，大鲤鱼不见了，只剩下一根八丈八尺长的鱼骨头。原来，这是东海龙王送来的一根鱼骨大梁。工匠们一看，高兴极了，就按照图样盖了一座大庙，大庙的中脊梁就是那根鱼脊骨，所以这庙叫"鱼脊庙"，其实是借"鱼脊"两字谐"虞姬"之音。

虞姬庙建成后，巧手工匠们又做了一匹乌骓马和霸王的塑像安放在大殿里,又做了个虞姬娘娘的塑像安放在后楼上。塑像与活着的虞姬娘娘一模一样,白嫩嫩的脸蛋,细弯弯的眉毛,一双圆圆的眼睛眯眯带笑,人人见了都说活像真的虞姬。

就在巧手工匠们做这虞姬娘娘塑像时,虞姬沟一带的姑娘们也忙碌不停,天天在虞姬沟里挖沙淘金,一连淘了七七四十九天,终于淘出了一捧光闪闪的金砂。她们请来了一个银匠师傅,把金子放在炉里炼,一直炼了七七四十九天,终于炼成了一颗金光闪闪的"金心"。后来,姑娘们又把各人手脖上的银镯子取下来放到炉子里,又炼成了一颗明

图 2-14　沭阳县虞姬公园的虞姬雕像

光雪亮的"银胆"。然后,把这金心和银胆一起放进塑像里,从此,虞姬娘娘的塑像就是"金心银胆",用以表示她有一颗金子般的心。

第三节　千载谁堪伯仲间

——西楚霸王的历史影响[①]

从司马迁的正史到全国各地的民间传说故事,人们崇拜的是作为"战神"的项羽的忠诚、勇敢与担当,人们感怀的是作为"爱神"的项羽的专一、信义与仁爱。那么项羽光辉而短暂的一生究竟给历史留下了怎样的影响?

---

①　参见杨燕起:《项羽功绩的历史价值》,见《项羽研究》(第 1 辑),凤凰出版社 2011 年版,第 419 页。

一、接续完成农民起义

陈胜、吴广在大泽乡发动起义,攻下附近几个县以后,陈胜在陈县自立为楚王,设立叫"张楚"的国号,确立了政治领导中心。随着起义风起云涌的发展,陈胜派出将领四面进击,及于赵地、魏地乃至燕地,并九江、南阳、东海诸郡,扩展了起义军的声势,严重地摧毁了秦王朝的地方政权,为后来的最终亡秦预设了有利条件。吴广领军去西击荥阳,由周章领"车千乘,卒数十万"去进击关中,周章因此到达秦京城咸阳东面的戏亭,起义的大好形势达到了顶峰。随后事态急剧转变。因起义军直接威胁到秦朝廷的安全,秦王朝就命令少府章邯,"免骊山徒、人奴产子生,悉发以击楚大军",双方军力对比对起义军不利,周章先后被迫败退出函谷关、曹阳及渑池。随后起义军大败,周章自杀身亡。章邯还乘势打败了居郯、居许的起义军,直到陈县,使起义军全部瓦解。与此同时,吴广被部下田臧诛杀,陈胜退出陈县前往汝阴,回到下城时被车夫庄贾杀害。至此,大规模的农民起义告一段落,但它所倡始的亡秦斗争的伟大事业还在继续。

继续农民起义的事业,项梁、项羽叔侄两人,在其后的亡秦斗争中起到了至关重要的作用。

项梁、项羽正是当"陈涉等起大泽中",在"江西皆反,此亦天亡秦之时"的背景下,杀了会稽守殷通而起事的。他们在吴中得精兵 8000 人,正着手抚循下属各县时,广陵人召平恰好在替陈胜经略广陵,还未攻下,听说陈胜败离陈县,秦军将至,就渡江来假传陈胜的命令,委任项梁为楚王上柱国,并告知项梁江东已定,可以赶紧领兵往西进击秦军。这个委任,标志着项梁、项羽承担起了起义军的责任,带着八千江东子弟渡江而西,正式开始了轰轰烈烈的亡秦壮举。

陈胜、吴广发动的农民起义,声势浩大,波澜壮阔,激发起了民众的斗志,严重动摇了秦王朝的统治根基,但因为陈胜、吴广力量不足,周章所率领的大军虽然已经前进到了戏地,最后毕竟未能摧毁秦王朝,而项梁、项羽的接续亡秦,不仅使起义军开创的事业没有半途而废,更是赋予了陈胜、吴广的农民起义以更深、更广和更为完整的历史意义。《史记·陈涉世家》说:"陈胜虽已死,其所置遣王侯将相竟亡秦,由涉首事也。"陈胜、吴广的功业因项羽等的亡秦更为彰显,而项羽也因乘陈胜、吴广起义之势而崛起,并以能完成陈胜、吴广起义的未竟伟业而名垂史册。

二、亡秦首功威震天下

项羽的亡秦壮举,有三个步骤:

第一步是夺取亡秦义军的总指挥权。义帝派军救巨鹿,是委任宋义为上将军,做总指挥,项羽只被任命为次将,还有范增为末将。义帝的意图是以宋义来控制项羽,掌管亡秦的调节大权。宋义领军救赵,行至安阳,停留 46 日不前进,因为他要采取"先斗秦赵"的策略。认为让秦军先攻赵,即使秦军胜利了也会非常疲惫,乘机进击就会获利;如果秦军不胜,那么乘势"引兵鼓行而西"就可以彻底打败秦军了。宋义很自负,不允许他人违背这个策略,而要斩杀那些强硬反对者。项羽则认为,秦军把赵王围在巨鹿城,楚军赶紧过河从外进击,赵从内呼应,内外配合,一定会打败秦军。项羽坚持认为宋义采取的是一种绝对错误的策略,他借着宋义送儿子宋襄相齐,在天寒大雨中饮酒高会,使士卒冻饥的事件,在晨朝的时候杀了宋义,而自立为假代的上将军,并追杀了宋襄。不得已,义帝只好任命项羽为上将军,让黥布、蒲将军的军队都归他指挥。

第二步是夺取了救赵的巨鹿之战的巨大胜利。司马迁对项羽的这一举动特别赞赏,他以极其饱满的热情,用歌颂的笔触,写下了一段传颂千古的精美文字,值得颂读:

项羽已杀卿子冠军,威震楚国,名闻诸侯。乃遣当阳君、蒲将军将卒两万渡河,救巨鹿。战少利,陈余复请兵。项羽乃悉引兵渡河,皆沉船,破釜甑,烧庐舍,持三日粮,以示士卒必死,无一还心。于是至则围王离,与秦军遇，九战，绝其甬道，大破之，杀苏角，虏王离。涉间不降楚，自烧杀。当是时，楚兵冠诸侯。诸侯军救巨鹿下者十余壁，莫敢纵兵。及楚击秦，诸侯皆从壁上观。楚战士无不一以当十，楚兵呼声动天，诸侯军无不人人惴恐。于是已破秦军，项羽召见诸侯将，入辕门，无不膝行而前，莫敢仰视。项羽由是始为诸侯上将军，诸侯皆属焉。（《史记·项羽本纪》）

"卒存巨鹿者，楚力也"。巨鹿之战，项羽以其迅雷般的气势及顽强的战斗精神，不仅打败了秦军，解了赵国之围，还以此威服了诸侯，被推为诸侯军的总指挥。他正式成为亡秦义军公认的真正领袖。

第三步是促使秦军彻底投降。巨鹿解围结束，章邯率领的秦军还有 20 多万人驻扎在巨鹿之南的棘原，项羽驻军在漳水南，相持未战。章邯的军队仍然是秦王朝存在的支柱，标志着秦王朝仍保持着战斗力，是起义军最后摧毁秦廷的主要障碍。此时秦廷内部的矛盾亦更为尖锐化，章邯陷于"有功亦诛，无功亦诛"的困难境地，想投降项羽又心生狐疑。在这种情况下，项羽采取正确策略先派蒲将军去战秦军，一再打败秦军，然后项羽亲率大军进击秦军，又将秦军打得大败。最终使章邯无奈，在洹水南殷墟上正式投降项羽。秦廷的军队至此才告彻底瓦解。

此后，为了防止投降的秦军进入关中后出现意外，在进入关中前，项羽让黥布与蒲将军将秦卒 20 多万人全部坑杀于新安，进入关中后又"引兵西屠咸阳，杀秦降王子婴，烧秦宫室"。至此，亡秦的事业就正式结束了。

怀王派项羽北救巨鹿的同时，刘邦以素为宽大长者的形象，被怀王派出从南路攻秦。刘邦经砀、陈留、开封、颍阳、阳城、宛、丹水，其中亦北涉昌邑、白马、平阴，在章邯军降项羽之后，先期入武关、峣关而至霸上，秦王子婴降。待项羽率诸侯军攻破函谷关时，已晚于刘邦进入关中约两三个月，所以刘邦是先于项羽有了"亡秦"之举的。《史记》卷七《项羽本纪》、卷八《高祖本纪》对刘邦、项羽均有"灭秦"的记载。记刘邦之军，"前攻秦军蓝田南，又夜击其北，秦军大破，遂至咸阳，灭秦"，"破秦军于蓝田，至咸阳，灭秦"。记项羽之军，

"项羽既存赵,降章邯等,西屠咸阳,灭秦而立侯王也"。"项羽灭秦,立沛公为汉王","项羽至,灭秦,立沛公为汉王"。然比较刘、项,司马迁从历史发展的大势考量,将灭秦的重大作用落实到项羽身上,是非常客观睿智的。《史记·秦本纪》末句:"子婴立月余,诸侯诛之,遂灭秦。"《史记》卷六《秦始皇本纪》言:"项羽为西楚霸王,主命分天下王诸侯,秦竟灭矣。"《史记》卷十六《秦楚之际月表》评论:"初作难,发于陈涉;虐戾灭秦,自项氏",都非常明确地给予了表述。"亡秦"之功首推项羽,结论令人信服。

灭秦,是项羽一生功绩最辉煌集中的体现。凭借消灭秦王朝主力的首功,项羽成为当时实力最大、能够掌控天下的西楚霸王。

三、分封天下创立"秦楚"

项羽之主命分天下王诸侯,可以分三个步骤考察:

第一步是鸿门宴。宴会进行中,项庄舞剑,意在沛公,刘邦正处于危急之中,张良将樊哙叫进来,于是樊哙"谯让"起项羽来,语有"夫秦王有虎狼之心,杀人如不能举,刑人如恐不胜,天下皆叛之",如果现在诛杀"劳苦而功高"的刘邦,"此亡秦之续耳"这样的话。项羽听了,"未有以应"。项羽的沉默,表明他认为樊哙的话有道理,因为他心中始终秉持着亡秦正义性的理念没有动摇。而且他前一天晚上已经答应了项伯不杀刘邦,项伯说:"沛公不先破关中,公岂敢入乎?今人有大功而击之,不义也,不如因善遇之。"表明项羽处事是道义为先、有仁有义的。项羽觉得,当时刘邦亲自上门解释、道歉,并向项伯说了"日夜望将军至,岂敢反乎",是已经向自己示弱,承认了自己的强势地位,"项羽亦因遂己,无诛沛公之心矣"。还有,项羽需要在正式分封前维持一个诸侯间团结合作的气氛,如真杀了刘邦,正如樊哙所说,"臣恐天下解,心疑大王也"。所以,比较刘邦的隐瞒真实意图,做了又不敢承认的龌龊表现,项羽所显示的正义感、仁德大度及胸怀全局的心志,使鸿门宴成为他正式分封前的一次政治宣扬与威服攻势。

第二步是主持分封。项羽先是提出了"然身被坚执锐首事,暴露于野三年,灭秦定天下者,皆将相诸君与籍之力也"的分封标准。依据这个标准,"田荣者,数负项梁,又不肯将兵从楚击秦,以故不封"。其次是预设了对刘邦的防范。刘邦依怀王的约定当王关中,却让他"王巴、蜀、汉中,都南郑。而三分关中,王秦降将以距塞汉王"。以故立章邯为雍王、司马欣为塞王、董翳为翟王。再次是变更原有王的封地,徙魏王豹为西魏王,徙赵王歇为代王,徙燕王韩广为辽东王,徙齐王田市为胶东王,将他们的故地封给项羽认为合适的人,只有韩王成因故都,都阳翟。还有是以或迎楚、降项羽,或定河内、击南郡,或常冠军,或从入关,封申阳为河南王、司马卬为殷王、张耳为降常山王、黥布为九江王、吴芮为衡山王、共敖为临江王、臧荼为燕王、田都为齐王、田安为济北王。项羽分封诸王把持的原则是无可挑剔的。最后是灵活掌握,给予兼顾,环绕南皮三县封给陈余,而陈余之客以"陈余、张耳一体有功于赵",建议封他为王,项羽以陈余"不从入关"予以拒绝。又因番君将梅铅功多,封他为十万户侯。分封十八王之后,项羽自立为西楚霸王,王九郡,都彭城。总体来说,项羽分封是公平的。

第三步是平乱。项羽分封,是企图维持一个天下一统的局面,并希冀出现天下的安定。但其分封没有建立全国范围从中央到地方一体的行政机构,没有明确西楚霸王与诸王之间的关系原则,也没有制定出诸王间的行动盟约,加上各人的利益不可能全都得到满足,分封诸王后新的矛盾也就产生了。主要表现为田荣不服从分封的局面,反于齐,项羽北至城阳与之会战,田荣不胜,出走中被平原民众杀掉。其弟田横收齐亡卒得数万人,又反城阳,项羽不得脱身。刘邦走出汉中,定关中之同时,率领常山、河南、韩、魏、殷五诸侯,东伐楚,入彭城。项羽即令他将击齐,自领精兵三万人南从鲁出胡陵,乃西从萧,大破汉军。之后在荥阳、成皋间对峙,又开始了刘、项相争的历程。其后,彭越数反梁地,断绝项羽军队的粮食供应,项羽忧患中又亲去陈留、外黄一带进击彭越。平乱活动,让项羽疲于奔命,最终使他在楚汉对抗中遭受失败。项羽主命王天下的历史至此宣告结束。

司马迁是特别赞赏项羽之灭秦及其主命分天下王诸侯之功的历史价值的。为此,在《史记》中特设了《项羽本纪》,将对项羽事迹的记述,置于《秦始皇本纪》与《高祖本纪》之间。司马迁当然是从中国历史发展的天下大势的角度着眼的，但这一编撰体例中的细致安排，恰恰是有意将项羽放在了和秦始皇与汉高祖刘邦同等的历史地位上。司马迁明确认为项羽虽然失败了，而他功绩所体现的历史价值是绝对不可忽视的。

《史记》还设了一篇《秦楚之际月表》，是将秦二世元年（公元前209年）七月陈胜起义开始，至刘邦当皇帝之汉五年（202年）间的历史活动，按月记述在内。该表不称秦汉之际，而称秦楚之际，特别突出了"楚"的地位。该表有三个特点：

首先，表示正朔意义的主体时间记述是逐渐推进的。表的第一栏，先是记秦二世元年至三年，公元前206年一月起则记义帝元年，公元前205年十月，记"项羽灭义帝"后，第一栏月份就空缺了。而在义帝元年二月之"楚"栏则记："西楚主伯，项籍始，为天下主命，立十八王。"这是表明主控天下形势者已落在项羽身上，项羽为天下宰。

第二，表在楚之后还分别列有项、赵、齐、汉、燕、魏、韩诸栏，"陈涉死"后，影响形势发展的主要记事内容均置于"项"栏，表示了项梁、项羽接续农民起义以后在总体时局中所发挥的重要作用，其中尤其强调了"至关中，诛秦王子婴，屠烧咸阳，分天下，立诸侯"。

第三，依据"实录"原则，尽管从公元前206年十月，"秦王子婴降。沛公入破咸阳，平秦"开始，"汉栏"记"汉元年"，并从"正月"起停止了与诸王一样的连续记月，但汉仍纳于与诸侯各王并列的位置，也没有将它提到首栏去掌控正朔，这实际是有点"汉家的头五年并非汉家天下"的意思，是拿现实事态来为项羽鸣不平，题中之意是应该承认项羽的"时势主宰者"的真实地位，与《项羽本纪》的立意是一致的。司马迁为确认项羽功绩的历史价值，利用史书编撰的巧妙安排，做出了人们不易察觉的可贵贡献，影响深远。

主命，是不是主受天命呢？项羽说"天亡我"，天既要亡项羽，自不当授予他以天命。主命，乃主宰国家命运，是他以"乘势起陇亩之中，三年，遂将五诸侯灭秦"的功业争到手的。刘邦，也是因为项羽在北方救赵中，牵制了秦王朝的主力40万军队，才使他有可能先期进入关中。项羽是因接续陈胜、吴广摧毁了秦王朝的腐朽政权,在诸侯的拥戴下,获得了分封天下的主宰权;而刘邦则是因从打败秦王朝并分封诸侯的项羽手中夺得天下,才"卒践帝祚"的。两者比较,历史意味似有很大的不同。司马迁歌颂并同情项羽,为之立本纪,而后代有的史学家却指责司马迁的观点不符合正统。这种分歧是因为这些正统史家对项羽之能"主命分天下王诸侯"这一行为所具有的历史价值认识不足。

四、破解秦末时代命题

依《史记》之创见,自黄帝建国以后,中国历史的延续是沿着两大趋势发展变化的。趋势之一,是由统一走向分裂,再达到有新高度的统一。黄帝因致"万国和"而建一统的天下,历颛顼、帝喾、尧、舜之渐次扩展地域,逐步建立中央朝廷规模,其总体局面经夏、商、周而延绵不绝,中华的建国传统由此稳固确立。然自周文武之分封,平王东迁以后形成春秋、战国时诸侯林立的态势,中国走向分裂,数百年的战乱交汇,虽促进了文化播迁、民族融合,然生产破坏,民生痛苦,给整个国家的生存带来了灾难,终有秦王嬴政通过武力征伐,使国家获得了重新统一,社会形制因而有了更为广阔的发展空间。秦始皇统一中华的辉煌灿烂的勋业将永远铭刻在中国历史的发展前程中。伴随着这一趋势而共生并存的,是德与力的交相变化。在《史记》的记述范围内,这一趋势的模式显示为"德—力—德",而这后一个"德",因为时代的变迁,其中会包含有一定的"力"的成分,是一个以"德"为主的概念。德与力的表现虽然有时较为细微,一个朝代自身也会存在德盛德衰的强弱更易,但大体上讲是统一时期多倡导"德",而分裂时期则崇尚"力"。秦始皇统一中国,形势大变,宏观思考中的德、力转化,亦该相应地付诸实施,如若不然,仍固守原有的崇力的施政方针,则会受到社会潮流奔泻而前的强大推动力的抛弃。而恰恰在这一趋势面前,秦始皇的诸多举措,违背了事物发展的内在规律,反其道而行之,因此秦王朝受到了严厉的历史惩罚。正是在体现这一两大趋势的结合点上,项羽因为扮演了执行惩罚的角色,而表现出他无可取代的历史价值。

秦大一统所带来的战火停息，关隘通畅，四至广扩，百物繁盛的情景，并没有带给广大民众所期望的美好生活，相反秦始皇以图传万世的君王威权为所欲为，频繁地大规模巡游，行封禅，筑长城，派军 30 万北部戍边，信图谶，求仙药，特别是建阿房，修骊山，严重地加大了民众的劳役负担，将因大一统所拥有的优厚物质条件转化为替皇帝个人的无限欲望服务的手段，加上帝王尊严的神秘性及肆意行法的无限滥用，将民众逼迫到忍无可忍的地步，以致整个秦王被引向了邪恶的歧途。短短十余年，一统后的秦王朝继续崇"力"的所作所为，使它成了阻碍历史前进的绊脚石。在这种情况下，如何破除这一社会困境，使历史的车轮得以沿着正确的轨道前进，就成为当时一个非常艰难而痛苦的时代命题。项羽正是以其最终的亡秦壮举，成为这一伟大的时代命题的最切实的破解者，从而使自己的声名彪炳于史册。这就是项羽功绩的第一大历史价值。

五、人格精神万古长存

《史记》将项羽列入本纪，可以说是视项羽之功为光照天地，灿如日月，司马迁对其功绩评价之高，在同时代史家中可谓"无与伦比"。在同情、叹息之余，《史记》还特意表彰了项羽的可贵人格与精神魅力。司马迁之后，历代评论家对项羽的人格精神也多有褒赞。

中国科技大学宁业高教授曾以项羽的人生旅程中所承负的各种社会身份和人际角色，分析其人格精神，言项羽具有大勇无畏的军人品格、大责无贷的统帅品格、大仁无垢的明君品格、大诚无伪的朋友品格、大爱无移的丈夫品格、大敬无欺的子弟品格、大成无狂的帝王品格、大公无私的圣贤品格。[1] 这在今人的评价中，是较为全面、较为系统的。

关于项羽的人格精神，下一章有专节讨论，这里不做展开。

---

① 宁业高：《项羽的人格魅力及其现实意蕴》，见《项羽研究》（第 1 辑），凤凰出版社 2011 年版，第 633—657 页。

第三章

西楚遗风霸王魂

西楚文化的形成有它独特的时代因素、地域因素，项羽的人格精神构成了西楚文化体系的核心内容，西楚文化的主要内涵可以概括为"信"、"勇"、"智"、"仁"、"忠"。"往事越千年"，时代发展到今天，西楚文化的内涵和外延又该有怎样的变化呢?

第一节　岁月长存西楚风
——西楚时代与西楚文化

春秋战国时代楚国兴盛，重心逐渐东移，楚文化逐渐影响淮泗一带。至秦末，各路英雄都不约而同挥动"楚"字大旗，号令天下。直到项羽建立了西楚时代，才有了"西楚"这个政治性概念，其后才产生地域上的西楚、南楚、东楚之分。这一节，我们以楚国东渐、秦末"楚"旗、西楚时代的时间顺序，来探索西楚文化形成的时代因素。

一、楚国东渐和楚文化的影响

楚本来是江汉之间的一个蕞尔小邦，春秋时代在兼并当地诸多部族以及姬姓之国以后而壮大，春秋末年"楚东侵，广地至泗上"。战国中期楚国最盛，到了战国末年，楚重心东移江淮地区。

随着楚国重心的东移，楚文化也从以江陵地区为核心的江汉流域，逐渐影响到江淮地区。楚文化内容广泛，具有鲜明的区域文化特征。

第一，楚文化在民族精神层面的特征是积极进取、革故鼎新和至死不屈。积极进取就是不满足于既得和既知，勇于向未知领域渗透，向未得领域开拓。楚人立国之初，偏僻狭小，但他们不满足于偏安一隅，终于通过"筚路蓝缕，以启山林"的艰辛历程而成为泱泱大国。楚人之所以能成为春秋五霸、战国七雄，其根本原因也在于其开拓进取的精神。楚人不以处蛮地而自卑，敢于在逐鹿中原中实现自己的价值，展露自己的锋芒。

第二，楚文化开放融合，这是它永葆生机的基础。楚人有自己的文化传统，但从来不故步自封，从来不拒绝外来文化的合理因子。楚国建国后，在民族政策上提出了自己的纲领："抚有蛮夷……以属华夏"，表现了开放融合的思想，比当时管子"戎狄豺狼……诸夏亲暱"和孔子"裔不谋夏，夷不乱华"的思想都要进步。在发展过程中，楚人兼采夷夏之长，并积极开展文化交流和民族间的相互学习，正是在开放的基础上形成了自己的文化特色，在融合中保持了自己的文化生机。

第三，革故鼎新是楚民族精神的又一方面。楚人师夷夏之长的目的在于创新，在于形成自己的特色。早在立国初期，楚人在华夏青铜冶炼技术的基础上发明了"楚式鬲"，使自己的矿冶水平居于全国领先水平，并创立了介乎夷夏之间的楚制和楚俗。在楚文化的整个发展过程中，楚人敢于打破陈规，向自认为不合理的事物挑战。熊渠封儿子为王，熊通自称武王，均属离经叛道、惊世骇俗之举，别人不敢做，楚人做了；问周鼎大小轻重，各路诸侯想都不敢想，楚庄王不仅想了，而且做了。"不鸣则已，一鸣惊人"本是楚人的一种性格,最后逐渐上升为以蔑视既存、敢于创新为主要内容的民族精神。秦国强盛后,楚敢与之争斗,以至于有"楚虽三户,亡秦必楚"之说,楚国虽然被秦国打败了,但民族魂魄依在,楚人精神不死,陈胜、吴广、刘邦、项羽等楚人最终还是推翻了秦王朝的统治。

第四,楚文化在民族心理层面的特征是崇火尚凤、亲鬼好巫、天人合一、力求浪漫,与中原文化尚土崇龙、敬鬼远神、力主现实形成鲜明对照。与中原文化偏重于礼法相比较,楚文化偏重于情感,在念祖、忠君、爱国上表现得要更为强烈、深沉。

在楚国势力东渐的漫长过程中,楚文化也风靡于淮泗一带,与当地本土文化相互激荡。至战国末年,楚文化已成为江淮和淮北地区的主流文化。至项羽的西楚时代,楚文化更加深深影响着这一地区,它和当地的文化相融合,逐渐形成了西楚文化。

二、秦末"楚"旗及其意义

秦帝国自建立那天起,统治者就在以其专断的统治理念进行着严酷的统治,为了满足新生帝国的各种巩固统治的工程的需要,统治者对于百姓的剥削力度不断加大,社会矛盾日益激化,就像绷上弦的箭一样,反秦倒秦一触即发。

自反秦战争之初,起义的英雄们就都打出了"楚"字大旗。秦二世元年(公元前209年)七月,淮河流域一带的贫苦百姓900余人被征调到渔阳(今北京密云)戍守。当这些人走到了蕲县大泽乡(今安徽宿县西寺坡乡刘村集),正好赶上大雨,道路不通,无法按期到达指定地点。依秦律,戍卒误期当斩。在这生死存亡的关头,队伍中的陈胜、吴广密谋举事,利用秦尉酒后行凶打人的时机,杀掉了两个秦尉,发动戍卒起义,号称"大楚",陈胜自立为将军,吴广为都尉。在起义军攻占秦的交通要道——陈县(今河南淮阳)之后,陈胜在众人的拥戴下,自立为王,国号"张楚"。于是在全国范围内,"诸郡县苦秦吏者,皆刑其长吏,杀之以应陈涉","方二千里,莫不响应","县杀其令丞,郡杀其守尉"。"天下云集响应,赢粮而景从","天下为之糜沸蚁动,云彻席卷方数千里"(《史记·陈涉世家》)。这场反秦风暴迅速席卷了全国,而所谓"应陈涉"、"云集响应"、"景从"等很大程度上正是受了"楚"这个具有重大影响力的旗帜的鼓舞。

陈胜(阳城今河南登封人)和吴广(阳夏今河南太康人)都非楚人,但是他们却先后以"大楚"、"张楚"为旗号,之所以这样做,其实就是为了达到更好的宣传效果。昔日关东六国,以楚国疆域最为广阔,人口最为众多。陈胜、吴广虽非楚人,起义之初的追随者却多为来自楚地的楚人。率先起事响应的如项梁、项羽于吴县(今江苏苏州市),刘邦于沛县(今江苏沛县东)等也都是在楚地,楚地所受的压迫最为严重,秦对这里的统治却相对薄弱,因此楚地具有较好的反秦革命基础。

陈胜、吴广失败被杀后,继续领导反秦斗争的项梁听从了范增的建议,在民间找到为人牧羊的前楚怀王的孙子心,拥立为王,仍号楚怀王,这无疑是为了笼络失散的楚人之心。这时候,"楚"再次成为加强凝集力、大力号召反秦力量的一面旗帜。项氏世代为楚将,但他们选择号"楚",却不仅仅因为他们是楚将之后,更重要的是要对陈胜、吴广起义所引发的反秦斗争的继承和对可用作反秦力量的重新整合。

项梁想以"楚"为号来争取政治上的主动权,但是在他兵败遇难后,这位楚怀王心以及那些所谓的"诸老将"出于自身政治利益的需要,就成为项羽的绊脚石,他们削夺项羽兵权,即使不得不起用项羽前往援赵作战,也要让一个胆小鬼宋义来打压项羽。但是具备卓越才能的项羽最终通过战斗充分展现了自己,实现了自己的抱负。这个时候,秦已亡,项羽作为诸侯联军的总指挥,拥有着无人能比的强大军事力量。

总之,在反秦战争中,陈胜、吴广以"大楚"、"张楚"为号,刘邦、项羽及其核心集团同为楚人,共同打着复楚的旗号反秦,同在怀王帐下听令,无论是反秦斗争还是楚汉之争,无论是项羽还是刘邦,其职官爵位的名号沿用楚制者甚多,所有这一切,都扩大了楚的影响,促进了楚意识的自觉。

三、西楚时代的建立

秦亡后,摆在项羽面前有三种选择:选择王业称王,选择帝业称帝,选择霸业称霸。所谓周朝的王业距离项羽生活的时代已经很遥远了,实际上可供项羽选择的只有秦朝的帝业和战国时代的霸业。出于对秦朝统治的反感,也出于项羽复仇、复国的政治理想,他选择了霸业。

1. 熊氏之楚与项氏之楚

掌握了强大的军队,也就有着发号施令的实力。问题是项羽的旗帜该怎么打?如果另立旗号,就意味着失去先前所拥有的政治主动权并拱手送与他人,项羽当然不能这么办。仍然只是用"楚"吗?又何以彰显自己的不世之功呢?而最重要的是,这个时候,项羽显然有他自己的更高一层的政治追求和愿望。

巨鹿之战后,项羽以其灭秦主力之武功和破釜沉舟的英雄气概被诸侯推为上将军,对此,怀王是无可奈何地承认,内心并不希望项羽真的成为上将军。所以,当项羽入关之后向怀王请示如何处理关中问题时,怀王回答的是"如约"两个字,即由刘邦王关中。人们往往以为这"如约"是怀王随口应答之词,是义帝迂腐糊涂,其实不然。

怀王听到项梁阵亡于定陶的消息以后,立即由盱眙到彭城,解除项羽、吕臣兵权,亲自统帅军队。由此看来,怀王绝非迂腐糊涂之辈,而是权势欲很强且精于权术的人。因为项羽出身贵族,虽然在血缘上已经很疏远,但和刘邦、吕臣、宋义等将领比,项羽和怀王是有着"血缘关系"的将领,属于本家,但是,关系越近,威胁也就越大。在怀王看来,自己地位是项氏叔侄给的,对项氏叔侄再好,都是理所当然的,不能再换来他们的忠心和感激,而任用外人就不同了。所以,项梁死后,怀王处处限制项羽。在项羽的心目中,义帝也就是个象征,本来就不存在要固守君臣关系、谨遵法旨的问题。向怀王请示攻取关中问题,不过是像当年霸主们对待周天子那样为自己的行为加上一件正义外衣而已。而义帝则试图以"信义"为手段要项羽"如约",达到限制项羽的目的,当然招致项羽的不满。所以项羽听到怀王"如约"的回答之后,恨恨地说道:"怀王者,吾家所立耳,非有功伐,何以得专主约!"(《汉书·高帝纪上》)

一句"吾家所立耳"正透露了项氏之家和熊氏之家的距离,项氏虽然立心为怀王,但是,这个怀王所代表之楚和当年楚怀王所代表之楚有着本质的不同:楚怀王之楚是熊氏之楚,心所代表的是项氏之楚。怀王要将项氏叔侄用鲜血和汗水换来的项氏之楚变成货真价实的熊氏之楚,项羽当然不答应了。

2. 背关怀楚与故乡情怀

项羽的背关怀楚、定都彭城与他的故乡(古下相)情怀有着十分密切的关系。①

《史记·项羽本纪》开篇记载:"项籍者,下相人也,字羽。初起时,年二十四。其季父项梁,梁父即楚将项燕,为秦将王翦所戮者也。项氏世世为楚将,封于项,故姓项氏。项籍少时,学书不成,去学剑,又不成。项梁怒之。籍曰:'书足以记名姓而已。剑一人敌,不足学,学万人敌。'于是项梁乃教籍兵法,籍大喜,略知其意,又不肯竟学。项梁尝有栎阳逮,乃请蕲狱掾曹咎书抵栎阳狱掾司马欣,以故事得已。项梁杀人,与籍避仇于吴中。吴中贤士大夫皆出项梁下。每吴中有大繇役及丧,项梁常为主办,阴以兵法部勒宾客及子弟,以是知其能。秦始皇帝游会稽,渡浙江,梁与籍俱观。籍曰:'彼可取而代也。'梁掩其口,曰:'毋妄言,族矣。'梁以此奇籍。籍长八尺余,力能扛鼎,才气过人,虽吴中子弟皆已惮籍矣。"

古代的下相就是现在的宿迁市宿豫区和宿城区,至于下相在宿迁的具体位置,因为年代久远和记载的含混,不可确考。但是我们可以肯定的是下相县治就在现在的宿豫区和宿城区境内,宿豫区和宿城区由原县级市宿迁市分设而来,若采用模糊表述法,说宿迁是项羽的故乡,比较允当。

项羽在宿迁的生活时间,《史记》语焉不详,但从 24 岁起兵吴中可以推断一个大概情况。项氏本是楚国贵族,秦统一以后成为庶民,所以项梁才"有栎

① 参见臧知非《说"西楚"》,见《项羽研究》(第 1 辑),凤凰出版社 2011 年版,第 124—125 页。

阳逮"也就是被案件牵连、要入栎阳监狱,最后请蕲县狱掾曹咎写信给栎阳狱掾司马欣说情,才免去牢狱之灾。后来项梁又犯了杀人罪,为了躲避仇家,更是为了逃避法律制裁,逃离家乡,"与籍避仇于吴中"。从项梁经历的这两起案件可以推定,项羽离开时基本成年。因为这两件案子的发生和处理有个过程,按照常理推断,秦朝统一以后,项氏家族均丧失其在楚国的贵族身份及其特权以后,才有第一起案件的发生,第一起案子了结以后,项梁确信没有了牢狱之灾,才可能犯下第二件案子。从逻辑上说,项梁沦为庶民、有栎阳之狱、免去栎阳之狱的灾难,再犯下杀人大案,应当经过一定的时间。项梁出身贵族,有良好的文化素养,又胸怀大志,并非一个亡命徒,他做事谨慎,对案件的处理自然要隐蔽,等第一起案件过去人们不再注意自己的时候,才可能进行下一步的行动,这个过程一般说来要有个两到三年。所以,可以推断,项梁杀人避难吴中,应该是秦王政二十八年或者二十九年的事情。项羽起兵时 24 岁,就在起兵的前一年即秦王政三十七年(公元前 210 年),始皇第五次出巡,东巡浙江、过会稽,项羽看到秦始皇车队威武雄壮的场面,脱口而出"彼可取而代也"。此时的项羽已经 23 岁,如果项梁叔侄是在秦朝统一的第三年逃亡吴中的话,项羽是在宿迁过完了少年时代才离开的,到吴中时已经 14 岁,基本成年。项羽身材魁梧,膂力过人,"长八尺余,力能扛鼎",按照一般发育规律,这样的体格在十四五岁时就基本形成。所谓"项籍少时,学书不成,去学剑,又不成。项梁怒之。籍曰:'书足以记名姓而已。剑一人敌不足学,学万人敌。'于是项梁乃教籍兵法,籍大喜,略知其意,又不肯竟学"。学书、学剑、学兵法,都浅尝辄止,这正是一个青春期少年内心躁动的体现。

秦律以身高判定成年与否、是否服役,男子身高是六尺五寸,达到六尺五寸就要"傅籍",正式服役,按照一般身高,六尺五寸折合成年龄是 17 岁。因为体型高大,项羽在下相时已经达到傅籍要求。[1] 所以,项梁在吴中主办"大徭役及丧"时,项羽是以成年人的身份参与的,"籍长八尺余,力能扛鼎,才气

---

[1] 关于秦傅籍标准,参见臧知非《秦汉兵制研究》,《徐州师范学院学报》(秦汉断代史专题研究)1991 年(专号)。

过人，虽吴中子弟皆已惮籍矣"，并不是起兵时的身高，"虽吴中子弟皆已惮籍矣"，更不是项羽将会稽郡守殷通的首级斩下以后的事情，斩郡守之前吴中子弟早已"惮籍"了。也就是，项羽的知识结构、性格特点，主要是在故乡——下相（宿迁）形成的。其时的下相作为项氏家族的封地，社会经济和文化已经比较发达，项羽生于斯、长于斯，其后来的背关怀楚、定都彭城、复立楚国与他的爱故国、爱故乡（古下相）情怀是有着十分密切的关系的。

3. 定都彭城与西楚时代

诸侯军盟主项羽灭秦后大封诸侯，除了自封为西楚霸王外，还总共分封了18个诸侯王。《史记》卷七《项羽本纪》记载："汉之元年四月，诸侯罢戏下，各就国。"

从西楚政权所占区域和都城位置来看，"项羽自立为西楚霸王，王九郡，都彭城"（《史记·项羽本纪》）。全楚之地分为西楚、东楚、南楚三大地区，而"九郡"一般认为是东阳、泗水、薛、东海、郯、会稽、吴、砀、东郡。

当时，韩王成被废，西楚政权对其地进行行政管理，项羽后封旧将郑昌为韩王以拒汉。另外，项羽欲自王梁楚地，故迁已据有梁地的魏豹为西魏王。从"徙魏王豹为西魏王，王河东，都平阳"的记载可知，项羽将原魏国某些领土也划到西楚的统治范围。这样西楚西部的疆界就深入到原韩国所在的山西东南部、河南中部及原魏国河内（今河南北部）地区。由此可见，西楚政权的统治区域极为广大，并足以控制天下诸侯王。

哈尔滨师范大学社会与历史学院林永强教授认为，项羽开辟了一个"西楚时代"。他首先关注了司马迁对项羽的评价，"三年，遂将五诸侯灭秦，分裂天下，而封王侯，政由羽出，号为'霸王'，位虽不终，近古以来未尝有也"（《史记·项羽本纪》）。他分析说，司马迁的评价中"分裂天下，而封王侯，政由羽出，号为'霸王'"所含之意就明确指出了西楚霸王项羽不仅以灭秦盟主的身份做到了封邦建国，而且也成了"天下"的实际管理者。就封建时代的名分论而言，本纪体裁虽只载朝代帝王，而项羽虽未成就帝业，名止于霸，但"政由羽出"不可否认，因此司马迁写《项羽本纪》也并非全凭其卓越史识，其纪实性也十分明显。① 但是由于《史记》也存在"尊汉"的微旨,所以《项羽本纪》和《高祖本纪》中关于"楚汉战争"期间历史一直沿用汉纪年,而未用楚纪年。② 但遗憾的是,西楚时代虽有其实,而历史纪年上却无其名。

西楚时代处于秦末汉初,在历史上极为短暂,它在文化上呈现出开放性、多元化的特征,在楚文化的基础上,又受北方重儒学、敦礼教的齐鲁文化风气熏染,同时吴楚尚武精神对其又有着深刻影响。在先秦到两汉的漫长时段中,来自不同地域背景的文化要素在西楚区域汇聚、冲突和交融,与当地古老的土著文化传统互动交融,造就了秦汉西楚地域文化的独特气质和风貌,使之成为带有过渡性和边际性的文化区,在秦汉众多地域文化的序列中别具一格。

在西楚时代的特定时期,该地区占主导地位的是尚武、复仇的风气,即任侠任气的风气,其精神实质仍然是仁义。

第二节 大地流淌西楚韵
——西楚地域与西楚文化

项羽自立为"西楚霸王"之后,才因"西楚"而有了南楚、东楚的说法和"三楚"的地域性概念,司马迁才据以总结楚地风俗物产的异同。这一节,我们从地域的视角,来考察西楚区域文化形成的复杂性。

一、西楚的来历

1. 戏下大分封与"三楚"之名

"西楚"之名,首见于《史记·项羽本纪》,谓"项羽引兵西屠咸阳……收其

---

① 《史记》的"微旨"有三,"一曰抑秦,二曰尊汉,三曰纪实"。参见钱大昕《与梁耀北论史记书》,载于钱氏《潜研堂文集》卷三十四。

② 参见张大可《史记新注》,华文出版社2000年版,第171页。

货宝妇女而东"以后,实行大分封,详见表 3-1。

表 3-1 项羽分封诸侯王表①

姓 名	王 号	封 地	都城	都城今在地	备 注
刘 邦	汉 王	巴蜀、汉中	南郑	陕西南郑	汉中是后来项伯代求得
章 邯	雍 王	关中地区,章邯据咸阳以西,司马欣据咸阳以东,董翳据上郡。	废丘	陕西兴平县东南	秦降将,被汉军围困自杀
司马欣	塞 王		栎阳	陕西临潼东北	秦降将,成皋战败自杀
董 翳	翟 王		高奴	陕西延安东北	秦降将,成皋战败亡
吴 芮	衡山王	除项羽所据西楚地外,原楚国所辖土地。	邾	湖北黄冈西北	项羽所属降汉,徙长沙王
共 敖	临江王		江陵	湖北江陵县	羽部将,未出兵楚汉战争
黥 布	九江王		六	安徽六安县北	由楚降汉,后反汉被诛
赵 歇	代 王	原赵国所辖土地	代	河北蔚县境内	
张 耳	常山王		襄国	河北邢台西南	由楚降汉,后徙赵王
田 市	胶东王	原齐国所辖土地	即墨	山东平度东南	原田荣所立,被田荣杀
田 安	济北王		博阳	山东聊城境内	随项羽入关,被田荣杀
田 都	齐 王		临淄	山东临淄城北	随项羽入关,被田荣杀
臧 荼	燕 王	原燕国所辖土地	蓟	北京西南	由楚降汉,后谋反被诛
韩 广	辽东王		无终	河北玉田境内	被臧荼所杀
魏 豹	西魏王	原魏国所辖土地,魏豹据河东。	平阳	山西临汾西南	降汉,叛归楚后被汉将杀
司马卬	殷 王		朝歌	河南淇县境	后被韩信俘虏
韩 成	韩 王	原韩国所辖土地,申阳据河南郡。	阳翟	河南禹州(县)	后被项羽所杀
申 阳	河南王		洛阳	河南洛阳	随项羽入关中,由楚降汉

《项羽本纪》记载,项羽自命为"西楚霸王,王九郡,都彭城",但是没有明确西楚之名的由来和所王之九郡的具体郡名。

---

① 参见王立群《王立群读〈史记〉之项羽》,重庆出版社 2007 年版,第 68 页;张大可:《史记新注》,华文出版社 2000 年版,第 169—170 页。

司马迁在《史记》卷一二九《货殖列传》中，也只是总述了西楚、南楚、东楚的地域范围及其风俗特点：

> 越、楚则有三俗。夫自淮北沛、陈、汝南、南郡，此西楚也。其俗剽轻，易发怒，地薄，寡于积聚。江陵故郢都，西通巫、巴，东有云梦之饶。陈在楚、夏之交，通鱼盐之货，其民多贾。徐、僮、取虑，则清刻，矜已诺。彭城以东，东海、吴、广陵，此东楚也。其俗类徐、僮。朐、缯以北，俗则齐。浙江南则越。夫吴自阖庐、春申、王濞三人招致天下之喜游子弟，东有海盐之饶，章山之铜，三江、五湖之利，亦江东一都会也。衡山、九江、江南、豫章、长沙，是南楚也。其俗大类西楚。郢之后徙寿春，亦一都会也。而合肥受南北潮，皮革、鲍、木输会也。与闽中、干越杂俗，故南楚好辞，巧说少信。江南卑湿，丈夫早夭，多竹木。豫章出黄金，长沙出连、锡，然堇堇物之所有，取之不足以更费。

在这里，司马迁说明了西楚是相对于东楚、南楚而言的地理区域。

2. 项羽以宿迁（下相）为楚的核心

项羽在宿迁（下相）奠定了受教育的基础，对宿迁（下相）充满着故乡情怀，把自己的故乡作为楚的地理核心，在完成了反秦任务之后，自命为西楚霸王。也就是说，项羽虽然响应陈胜、吴广"张大楚国"的号召起兵反秦，但是项羽所张大的楚国，并不是楚怀王孙熊心所代表的熊氏家族的楚国，而是项氏家族的楚国。

熊氏之楚的核心地域是郢①，而项氏之楚的核心地域是下相，另外彭城与吴中也都是项氏之楚的地盘。苏州大学臧知非教授认为，南楚、西楚、东楚之

① 楚国都城屡有变动，而以郢的时间最久。郢之地理位置也屡有变动，春秋时代，在今湖北宜城蛮河之阳，参见石泉《湖北宜城楚皇城遗址初考》，《江汉学报》1963年第2期；张正明：《楚都辩》，《江汉论坛》1982年第4期。楚昭王时期，先迁郢于鄀，《左传》定公六年谓楚"迁郢于鄀"。此后不久，迁郢于现在江陵纪南城，直到楚顷襄王十一年（公元前278年）秦将白起拔郢，才东迁至陈（今河南淮阳）。

称并非同时用语，而是次第形成的，先有西楚，后有南楚、东楚，南楚、东楚是项羽使用了西楚霸王称号以后产生的，由西楚霸王的西楚之名扩展而来，其地理坐标是项羽的出生地——下相。项羽以下相为楚的核心，以彭城为王都，彭城在下相以西，故名西楚霸王。①

项羽选自命为西楚霸王，表明了自己这个楚王和故乡下相的关系。项羽出生在下相，成长在下相，未及成年，而流亡吴中，起兵江东，征战南北，成就霸王之业，虽未以故里为都城，然西楚之名，表达出他浓浓的故乡之思。

明乎此，我们对项羽"衣绣夜行"之语又有了多一层的理解。《史记》卷七《项羽本纪》谓项羽屠城咸阳，"收其货宝妇女而东。人或说项王曰：'关中阻山河四塞，地肥饶，可都以霸。'项王见秦宫皆以烧残破，又心怀思欲东归，曰：'富贵不归故乡，如衣绣夜行，谁知之者。'说者曰：'人言楚人沐猴而冠耳，果然。'项王闻之，烹说者"。这一段记载说明项羽不都关中有两个原因：一是关中残破，人心不附，项羽缺少建都关中的客观基础；二是项羽的故乡情怀，"富贵不归故乡，如衣绣夜行，谁知之者"，这固然表明了项羽政治上的幼稚，但也形象直白地表达了项羽的内心情感，显露出项羽的真性情。

二、西楚的区域四限

司马迁认为，西楚的范围是"夫自淮北沛、陈、汝南、南郡，此西楚也"，据此，则西楚由沛、陈、汝南、南郡四个区域构成。唐人张守节在《史记正义》中对此加以解释道："沛，徐州沛县也。陈，今陈州也。汝，汝州也。南郡，今荆州也。言从沛郡西至荆州，并西楚也。"唐人所说的汝州，为南朝时的汝南郡，《隋书》卷三十《地理志中》记："汝南郡……梁置楚州，东魏置西楚州。"据此，西楚的西界在今天河南的洛阳以南的汝阳、尧山一带，豫州与荆州的交界地区。这在南朝时期有个重要地名似可作为旁证，就是萧梁时期的西楚州。

---

① 参见臧知非《说"西楚"》，见《项羽研究》（第1辑），凤凰出版社2011年版，第124—125页。

　　《史记》卷一二九《货殖列传》这段文字接着讨论了西楚范围的若干地域："陈在楚夏之交。"陈即淮阳郡，在今天的河南、安徽两省区南部；又云："徐、僮、取虑，则清刻，矜己诺。"这里提到了徐城和僮、取虑诸县，均位于当时的泗水郡。对此，张守节在《史记正义》中解释陈地云："夏都阳城。言陈南则楚，西及北则夏，故云'楚夏之交'。"张守节解释徐、僮、取虑云："取音秋，虑音闾。徐即徐城，故徐国也。僮、取虑二县并在下邳。"下邳是指东汉的下邳国。

　　要明确西楚的东界，就要先确定司马迁说的东楚范围。据《史记》卷一二九《货殖列传》记载："彭城以东，东海、吴、广陵，此东楚也。"《正义》解释道："彭城，徐州治县也。东海郡，今海州也。吴，苏州也。广陵，扬州也。言从徐州彭城历扬州至苏州，并东楚之地。其俗类徐、僮。"《史记·货殖列传》又载："胸、缯以北，俗则齐。"张守节《史记正义》解释道："胸……县在海州。故缯县在沂州之承县。言二县之北，风俗同于齐。"后代史家对此也有讨论，不过彭城属于西楚却是没有疑问的。徐州一带是东楚与西楚的结合点，再往东过泗水至淮阴沿海，南过江淮至吴地均为东楚，彭城及其西部一直到江汉之东为西楚。彭城虽位于西楚之边缘，但因项羽建都成为政治文化中心，在西汉人心目中就成为西楚象征地。

　　西楚的南界定在哪里呢？西楚的南边是南楚，那么将南楚地域明确后，西楚南界即可明朗。据《史记》卷一二九《货殖列传》记载："衡山、九江、江南豫章、长沙，是南楚也。"按照太史公的划分，南楚之地是以淮水为分界的，衡山郡在今鄂东豫南，九江郡在今寿县为中心的皖中地区。① 南楚之地的空间，除了江淮之间区域外，还跨越长江，豫章、长沙两郡均在江南，今两湖、江西一带。此说倘可以成立的话，则西楚的正南界未过淮水，淮南则为南楚之地了。

　　以上我们按照司马迁给出的空间坐标，明确了西楚的四限，即其空间分布区域。这个区域，也就是见于《史记》的项羽大分封时所谓"西楚九郡"的空间。

------

　　① 九江郡，秦旧郡，汉初属英布淮南国，后属刘长淮南国。武帝时淮南国除，为汉九江郡，治所寿春，郡境为今安徽省阜阳市、淮南市、六安市和滁州市辖地。

张大可也认为,西楚的地域大体在今豫东、皖北与江苏西北部为西楚,彭城以东,长江下游为东楚,长江中部江南为南楚。九郡之地以彭城为中心,跨有今河南东部,山东西南部,以及安徽、江苏两省,东楚之地亦在项羽辖区内。[1]

三、西楚区域文化的复杂性考察

1. 西楚九郡的文化渊源[2]

西楚九郡的文化渊源具有多源性的复杂背景,西楚文化主要包括三个亚文化区域:一是以徐夷文化为源头的彭城亚文化区域;二是以淮夷文化为源头的寿春亚文化区域;三是以夏文化为渊源的淮阳亚文化区。以下从物质文化、精神文化和人文传统几个层面加以考察。

(1) 物质文化层面

西楚区域文化中物质遗存层面,具有鲜明的楚文化因素。首先反映在考古文物的物质文化层面,墓葬文化显示出该区域具有明显的楚文化特征。迄今这里发现东周遗址和墓葬数量不多,但仍能反映出楚文化的鲜明影响。1958 年冬在邳县(今江苏邳州)刘林发现战国墓葬,出土铜器有大鼎一件,方壶两件、簠两件、匜 1 件,还有衔、勺、镂空瓿和铜捧盒等。其中簠上有铭文,凡八字:"西□[林□,林居上,□在下]乍(作)其妹□[喜斤]□(尊)钴(簠)"。西□,据尹焕章辨认,"西□"为"西楚"两字。从出土的铜簠的器形和铭文来看,与安徽寿县发现的标准楚器颇为类似,铜器上的鱼鳞纹和折带纹具有楚文化的作风。[3] 徐州地区曾发掘许多战国墓葬,多具有楚墓风格,1985 年在铜山(今江苏徐州市铜山区)吕梁乡凤凰山麓清理战国墓葬两座,均为长方竖

---

① 参见张大可《史记新注》,华文出版社 2000 年版,第 171 页。

② 参见王健《试论西楚区域文化的内涵与特征》,见《项羽研究》(第 1 辑),凤凰出版社 2011 年版,第 149—156 页。

③ 参见南京博物院《1959 年冬徐州地区考古调查》,《考古》1960 年第 3 期。周尊生:《邳县刘林遗址出土西㭗簠铭释文》,《考古》1960 年第 6 期。

穴式，出土器物有高足带耳的彩绘鼎，高圈足盖豆、三足兽首盉、三足鸟形尊、敞口高颈圜底折腹罐，器物有浓厚的楚器作风，鼎的彩绘图案为楚器所常见。[①]

在葬俗层面，苏北、皖北、豫东诸区域战国秦汉墓皆有明显的楚俗。在先秦文化漫长历程中，楚文化富有鲜明的物质文化特色。以墓葬中具有代表性的陶器为例，从早期楚式鬲陶器为典型，再演变为以鼎、敦、壶及鼎、壶等仿铜陶礼器为代表。[②] 对照这种文化风格，在徐州发现的西汉早期墓陶器组合均为鼎、盒、壶、钫，与中晚期的楚墓里常见仿铜礼器组合接近，继承关系相当明显。陶器中的彩绘鼎、盒、壶、钫的色彩、纹饰，与楚墓器物非常相近。铜器组合有鼎、壶、盘、钫、鉴，与战国晚期楚墓组合也相似。北洞山楚王陵内大量的夹纻胎、木胎的漆器残件，有案、卮、耳杯，上装饰有变形云纹及三角几何纹。狮子山楚王陵墓中的发现有漆木棺，虽已腐朽但从残漆皮仍可看出原来的彩画图案。徐州汉墓漆器从器形、装饰图案到制作方法，均继承了楚文化的漆器工艺传统。

楚国的货币体系迥异与中原各国，别具一格，对西楚地域影响很大。1977 年 5 月在徐州沛县栖山画像石汉墓 1 号墓的填土中，曾发现一枚背文"十货"，面文"殊布当斤"的铜铸布币，是为楚国货币。在清人《遗箧录》中也曾提到徐州出土过这种货币。该币应是吸纳三晋货币特点、结合楚币习惯而形成的。在邳州小冯园战国遗址中出土过大量的楚国蚁鼻钱，在铜山高皇庙遗址的上层也出土过蚁鼻钱。[③] 在徐州还发现有楚郢爰，如 1989 年末在邳州房亭河水利工地曾出土郢爰金币一枚，分别钤印、篆书"郢爰"两字。王毓铨曾把战国的宋国定为布币流行区，从目前发现来看，这里应是楚币流行区，当地很少发现魏、宋流行的布币。在江苏泗洪县和安徽肥西县新仓乡出土有楚

①　参见邱永生《铜山县凤凰山战国西汉墓群》，见《中国考古学年鉴》，文物出版社 1987 年版，第 138 页。

②　参见黄纲正《楚文化在湖南的发展历程》，见《楚文化研究论集》（第 1 集），荆楚书社 1987 年版，第 83 页。

③　参见江苏省文物管理委员会《徐州高皇庙遗址清理报告》，《考古学报》1958 年第 4 期。

币蚁鼻钱,江苏盱眙县出土楚窖藏爰金数量惊人。

(2) 精神文化层面

在精神文化层面,楚文化则以道家思想和浪漫主义为典型特征,可在秦汉徐州文化中寻觅到积淀因素。比如,这里的道家黄老之学及其思潮相当流行,起事于丰沛的刘邦集团多有道家倾向[①];再如,徐州汉画中的神话和祥禽瑞兽题材丰富,这类浪漫作风既有楚文化崇鬼崇神、重祭祀的巫风因子,亦包含滨海齐文化神仙方术风格。

从语言方言的特色看,楚文化对西楚文化区的方言影响甚大。《史记》卷八《高祖本纪·集解》引用《风俗通义》佚文称:"《汉书注》:沛人语初发声皆言其。其者,楚言也。高祖开始登帝位,教令言其,后以为常耳。"这则佚文证明,汉代徐沛方言仍带有楚方言成分。西汉扬雄所著《方言》也表明,此地方言多与楚方言系统有关。该书卷一、卷七和卷十一中,三次提到了"西楚"方言区,提到"楚东海"之间、"青徐淮楚之间"的区划。

在风俗层面,刘邦所做的《大风歌》,每句都用"兮"字,这是典型楚辞文体的痕迹。他安慰戚夫人说,"为我楚舞,吾为若楚歌"(《史记·留侯世家》)。刘邦起兵后自称的沛公,是楚国县令的官名,《汉书·高帝纪》颜师古注引孟康曰:"陈涉为楚王,沛公起应涉,故从楚制,称曰公。"反秦政权亦是采用楚官制,如曹参封号有"执帛"、"执珪"等。又如韩信亡楚归汉被封"连敖",《汉书·韩信传》颜师古注引李奇曰:"楚官名。"《汉书·高惠高后文功臣表》载,隆虑侯周灶以"连敖"入汉。立国后刘邦又将楚制度和风俗文化传播到关中,并影响到全国。

(3) 人文传统层面

西楚这一方土地,盛产思想家和经学家。春秋末年的老子、庄子,战国鹖冠子,均为西楚人。王博说:"1982年绍兴发现徐国铜器,其中汤鼎上的铭文大用韵语,而'作为此铭重心的誓词二句,以俗、辱为韵,《鹖冠子·泰鸿》叶

---

① 参见王健《道家与徐州——兼论汉初黄老政治与刘邦集团文化地域背景之关系》,《江苏社会科学》2001年第3期。

绿、辱、足、裕、朴、浊，是其证。'《鹖冠子》的作者很可能生活于原徐国地域即淮河流域，或即徐人后裔，故用韵与徐器一致。"①两汉时期，西楚私学发达，出现了一批名儒名师，并形成了若干经学世家大族，在儒经研究和教育上的成就均在官学之上，其中著名的有刘向、龚胜、桓荣、张酺等。"桓氏尤盛，自荣至典，世宗其道，父子兄弟代作帝师，受其业者皆至卿相，显乎当时。"（《后汉书·桓荣列传论》）

反抗暴政的斗争精神构成了西楚区域民俗民风的鲜明特色。"楚虽三户，亡秦必楚"的说法，在这里得到验证。西楚是反秦武装斗争的策源地，陈胜、吴广起义爆发于此，项梁、项羽叔侄的起兵和刘邦的起兵，均发生于此。而且这种传统有强烈的延续性，如东汉末年起事的青徐黄巾军，仍可见到这种传统的印迹。

即使在楚文化为主调覆盖西楚地域的阶段，其他地域文化的影响也是明显的。自古淮北一带地接齐鲁，齐鲁文化的渗透是有迹可寻的。在上面讲到的方言区域归属上，扬雄《方言》还分别讲到"青徐海岱之间"、"齐鲁青徐"、"周郑宋沛之间"、"江淮青徐之间"、"东齐青徐之间"、"荆扬青徐之间"和"徐鲁之间"等，提到"徐土邳圻之间"，反映徐州方言还受到齐鲁等区域文化的深厚影响。

从《史记》和《汉书》的记载来看，西楚东、西和南部所接受的文化影响因源不同，造成西楚文化内部又有一定的空间差异。战国秦汉时期的徐州一带，以彭城为分界而划分为东、西楚。上文引用的《史记·货殖列传》的记载，反映了战国时代晚期的地域观念。与司马迁着重从汉郡县政区来讨论此地文化不同，班固着眼于春秋古国的区域来做传统文化分区，他将汉代楚国和沛县等地隶属于古宋文化分野。《汉书》卷二十八下《地理志》："今之沛、梁、楚……皆宋分也"，"今之楚彭城，本宋也"，"宋虽灭，本大国，故自为分野"；同时，他又强调鲁文化对泗水流域的影响："鲁地，奎、娄之分野也。东至东海，

---

① 王博：《论〈黄帝四经〉产生的地域》，见《道家文化研究》（第 3 辑），上海古籍出版社 1993 年版。

南有泗水,至淮,得临淮之下相、睢陵、僮、取虑,皆鲁分也。是以其民好学,尚礼义,重廉耻。"这些记载均说明西楚地域文化的复杂面貌。

2. 周围地区文化对西楚文化的影响

西楚独特的地理位置,有利于西楚文化吸收周边各地区先进文化的因素,使自身丰富和完善。

(1) 鲁文化的影响

《汉书》卷二十八下《地理志》载:"鲁地,奎、娄之分野也。东至东海,南有泗水,至淮,得临淮之下相、睢陵、僮、取虑,皆鲁分也。"这是从天文学的角度来分野的。但也说明,宿迁地区所受鲁文化的影响颇大。故班固接着说:"周兴,以少昊之虚曲阜封周公子伯禽为鲁侯,以为周公主。其民有圣人之教化,故孔子曰'齐一变至于鲁,鲁一变至于道',言近正也。……孔子闵王道将废,乃修六经,以述唐虞三代之道,弟子受业而通者七十有七人。是以其民好学,上礼仪,重廉耻。……汉兴以来,鲁东海多至卿相。"由此可见,儒学在此地有颇深的影响。再从此地的历史来看,东夷诸族之一的徐夷,在周初曾经建有徐国,徐国的统治中心在今泗洪县境内,其国君徐偃王后来被楚击败,败亡的原因即"行仁义"。1993 年,邳州市博物馆在"九女墩"的一座徐国墓葬中,出土器物 400 件,其中青铜礼器 31 件,乐器青铜编钟 19 件,石编磬 13 件,也反映出该地区重视"礼"、"乐"的文化特点。海外研究太平洋历史文化的学者认为,中国东部沿海地区的古徐国是太平洋文化的发祥地,美洲的母体文化奥尔梅克文化,即由古徐国文化演化而来。

(2) 齐文化的影响

《汉书》卷二十八下《地理志》载:"初太公治齐,修道术,尊贤智,赏有功,故至今其土多好经术,矜功名,舒缓阔达而足智。其失夸奢朋党,言与行谬,虚诈不情,急之则离散,缓之则放纵。"齐地与鲁地皆好经术,这对西楚文化带来了直接的影响。相传齐国管仲与鲍叔牙,年轻时曾在盱眙一带经商,两人在路上捡到根金条,遂分送给附近两个村庄的百姓,人们为了纪念他们,将村庄改为管公店、鲍家集,并在分金的地方建立祠庙,以祭祀之,明万历时立碑建亭,名为"管鲍分金亭",就是一个很好的例证。但齐人的"矜功名"与"阔达"、"放纵"的性格,也在此打下了深深的烙印。

(3) 吴、楚文化的影响

《汉书》卷二十八下《地理志》载:"吴地,斗分野也。今之会稽、九江、丹阳、豫章、庐江、广陵、六安、临淮郡,尽吴分也。"西楚地域南与广陵等地毗邻,大部分地域属临淮郡。先秦时期,越灭吴国而有江淮以北,楚灭越国兼有吴越之地,吴、楚文化都对该地区有重大影响。史称"吴、越之君皆好勇,故其民至今好用剑,轻死易发"(《汉书·地理志下》)。此地的尚武风气即源于此。如《史记》卷四十三《吴世家》载春秋时吴、楚两国的鸡父之战,即因"卑梁微衅"引起。卑梁在今泗洪县南的盱眙一带,只因"小童争桑"而引起两国大战。这种带有复仇性质的战因,在吴国大臣伍子胥的话中可谓表现得淋漓尽致,即"父母之仇,不与戴天履地;兄弟之仇,不与同域接壤;朋友之仇,不与邻乡共里"(《吴越春秋·王僚使公子光传》)。正是因为这样,这种尚武复仇的风气代代相因,至汉而不改。《史记》卷一二九《货殖列传》云"夫自淮北沛、陈、汝南、南郡,此西楚也。其俗剽轻,易发怒";《汉书》卷二十八下《地理志》云:"汝南之别,皆急疾有气势","沛楚之失,急疾颛己",民风于此可见一斑。

第三节　热血铸就西楚魂
——项羽的人格魅力探析

探讨西楚文化的内涵和特征,不能不探讨项羽的人格精神。项羽人格精神的本质属性及其种种表象,是西楚文化体系的血脉组织和筋骨成分,项羽人格魅力特征的揭示,也是西楚文化研究与开发的核心课题和主导意旨。以下依据司马迁的《项羽本纪》,结合项羽人生旅程中所承负的各种社会身份和人际角色,多角度地去观察、检测他的言论、行为,从他自身价值、社会效应和历史回响中，多层面地去透视、分析他的人格魅力。①

一、大信无欺的贵族本质

1. 鸿门放刘体现了项羽诚实守信的贵族气质

在刘邦和项羽之间，有一个问题困扰着一代又一代的人们，那就是他们的品格对他们事业的影响。按照常理，优秀的品格有助于事业的成功，但这在刘、项之间却完全不灵。几乎无人否认，项羽品格高尚，刘邦品格低劣；项羽为人诚信，刘邦为人欺诈；项羽遵守游戏规则，刘邦则不按规则出牌；项羽仁爱不忍、儿女情长，刘邦则心狠手辣，亲故不认。

以下事例是刘、项为人最好的注脚，鸿门宴本来就是为杀刘邦而设的，但由于刘邦的几句韬晦欺诈之辞，就使诚实的项羽信以为真，终于不忍下手。为了和刘邦争天下，项羽曾俘获了刘邦的父亲和妻子为人质，虽然扬言要把刘邦的父亲杀了做肉羹，但实际上却始终善待之，不但没杀，还将他们完好送归；而刘邦对自己父亲的态度却是："吾与项羽俱北面受命怀王，曰'约为兄弟'，吾翁即若翁，必欲烹而翁，则幸分我一杯羹。"简直是流氓加无赖。项羽在垓下被围、四面楚歌的危难时刻，想到的不是自己，而是江东父老和子弟，是陪伴和跟随自己的美人、宝马；而刘邦在彭城战败后仓皇逃命，为了让马车跑得更快，竟然无情地把亲生儿女推下车去。然而刘、项争斗的结果，却是品格低劣的刘邦胜过了品格高尚的项羽，不能不让人扼腕。

其实，贵族诚实守信的品格与精神一直是项羽信奉和追求的法则，在这一点上刘邦与他是有着天壤之别的。项羽是贵族的英雄主义，而刘邦则是平民的实用主义；项羽重视实现目的的途径和手段，刘邦为了目的可以不择手段，只要能达到目的，他可以施阴谋诡计，可以言而不果、盟而无信，可以不顾父亲、妻子、亲生儿女的死活。无赖对英雄、小人对君子、草根对贵族、不守规

---

① 参见宁业高《项羽的人格魅力及其现实意蕴》，见《项羽研究》（第 1 辑），凤凰出版社 2011 年版，第 633—657 页。

则的对守规则的,后者被前者所打败,在先秦贵族政治向专制君主政治转型的特殊时期,也是必然的。正像清代著名历史学家王鸣盛所讽刺的那样:"屡败穷蹙,不以为辱,失信废义,不以为愧也。若以沛公居项羽之地,在鸿门必取人于杯酒之间,在垓下必渡乌江而王江东矣。"

2.鸿沟划界的内在动因是项羽重于信义

刘邦鸿门脱险后,"刘邦之帮"即迅速采取种种措施,稳住阵脚,转危为安。同时,各种政治军事势力和人物则各自权衡利弊,寻找出路,引起各军政营垒空前动荡不安和重新组合,随之时局迅速发生逆转。一是刘邦立即诛杀曹无伤。从此,汉营则无人再敢向项羽告密。二是汉营高度警惕,部署战阵,招兵买马,迅速发展壮大。三是刘邦称帝之心,天下昭然,而项羽不想(不能)当皇帝的猜测和评论便风闻天下,于是图名贪利者则纷纷投靠刘邦,如陈平本随项羽入关,后改投刘邦被任护军中尉。四是陈平为了讨好刘邦,搞垮项羽、范增"父子营垒",用反间计得逞。五是刘邦之帮以爵位笼络大将韩信,加强军事统帅力量,以求武力抗衡楚军。六是刘邦之帮以名利为诱饵拉拢楚营将士,导致项羽势力渐渐衰弱。如此如此,刘邦之帮奸计使用,阴谋得逞。

而项羽却永远也不会放弃他的贵族精神,也就不能识透刘邦"奸"之险,改变自己"诚"之用。直到"鸿沟"划界,他仍旧面对奸险之敌做诚信之梦,以诚信之梦施军事之策——项羽以为,既然划界,就当彼此遵守信义,各据一边,于是依约退兵,下令迁营,给天性奸诈的刘邦、一向背信弃义的刘邦之帮再度寻得下手良机,即借楚军迁营之虚,兴师追击,使得楚军大败。随后,刘邦联合彭越、韩信诸军,包剿楚营,四面围困。接着,刘邦以重金厚封悬赏,鼓舞汉军斗志,以"四面楚歌"谋略,瓦解楚军士气。史实清楚地表明,项羽讲仁义、尚友谊、重诚信,导致优势渐失,惨败不断,最终是别姬南驰,乌江自刎。刘邦之帮非君子,卑人恶性,讲名位、恋财利、重荣华、玩阴谋,且背信弃义,心狠手毒,转危为安,得势便猖狂,最终得天下做了皇帝。

"鸿门放刘"、"鸿沟划界",人们在批评项羽在军事战争政治战略上的幼稚、对刘邦之帮为人处世存在失警失慎的防备时,一定不要忘了项羽出身贵族,自幼所受的贵族教育——他尚诚信、重友情,在重大事件甚至生死关头,也能坚持贵族的道德规范：可能失慎，却永不失诚；可能失命，却永不失德。

二、大勇无畏的军人气度

1. 大勇无畏乃是项羽对于项氏基因的认知和家风继承

项羽幼孤，自小随叔父项梁生活。叔父杀人，避仇江南，遂居吴中，项羽随从。叔父爱侄，让其读书，他却不太感兴趣，认为"书足以记名姓而已"，对其实现理想无大意义。他无意读书从文而一心向武，吵着学剑，叔父依了，购宝剑，置良师。项羽对此似乎天赋颖异，悟性极好，且能苦学，朝夕习练，很快就艺成术精，进而又提出请求，认为"（三尺剑），一人敌，不足学，学万人敌"（《史记·项羽本纪》）。很显然，其心向军武，志大且毅笃。"项氏世世为楚将，封于项，故姓项氏。"项羽秉承天赋，身"长八尺余，力能扛鼎，才气过人"，苦练出一身功夫，满怀胆略和信心，膂力无人敢较量，武艺无人可匹敌，连那些吴中当地的勇男壮士都不敢跟他交手过招。

2. 项羽的大勇无畏品格随战场磨砺和洗礼，渐明渐亮

项羽初学剑术，后习兵法，目的在于实现自己的功业抱负。后来他随叔父举事，其"一人敌"功夫，"万人敌"威力，果然学以致用，大有用处，守无不坚，攻无不克，有战必胜，深孚众望，百姓携浆箪食，踊跃投军，后来引兵渡江过淮，锐气无挡，不足一年，加之"项氏世世将家，有名于楚"，故多路义军，四方名士，陈婴、黥布、韩信等皆来归属，接着并秦嘉，计兵十六七万众。刘邦见机，率兵9000赶来会聚。随后，张良、范增等贤良俊杰亦纷纷来投。项军精锐达7万之众，此时的项羽已为军中骁将，虽年轻，然在疆场上如虎如鹰，任驰任翔，受命攻襄城，兵至便拔，大胜凯旋，与刘邦同攻城阳，斩李由，英勇无敌。项羽自率军队，将帅同心，兵士用命，所向披靡。

3. 保护将士，大显勇猛仁爱的英雄品格

项羽在征战中，冲锋在前，身先士卒，在败逃中同样带头破阵，爱惜将士。《史记》卷七《项羽本纪》载："项王乃复引兵而东，至东城，乃有二十八骑。汉骑追者数千人。项王自度不得脱。谓其骑曰：'吾起兵至今八岁矣，身七十余战，所当者破，所击者服，未尝败北，遂霸有天下。然今卒困于此，此天之亡我，非战之罪也。今日固决死，愿为诸君快战，必三胜之，为诸君溃围，斩将，刈旗，令诸君知天亡我，非战之罪也。'乃分其骑以为四队，四向。汉军围之数重。项王谓其骑曰：'吾为公取彼一将。'令四面骑驰下，期山东为三处。于是项王大呼驰下，汉军皆披靡，遂斩汉一将。是时，赤泉侯为骑将，追项王，项王瞋目而叱之，赤泉侯人马俱惊，辟易数里。"后来，汉军追上项羽等"复围之"。项羽同样一马当先，"复斩汉一都尉，杀数十百人，复聚其骑"。直到乌江畔那最后一战，他面对疯狂的大批汉军，带领仅剩的 26 将士，"皆下马步行，持短兵接战。独籍所杀汉军数百人。项王身亦被十余创"。古往今来，逃亡途中，死亡线上，如此浴血奋战亲爱将士的将领，谁见过多少？

三、大智无形的统帅风格

1. 少年时代，项羽就怀有统帅之志

楚为秦灭，楚人恨秦，以武反秦，楚人心声。项梁其父项燕为楚名将，系秦将王翦所杀。国恨盼雪，家仇要报。项羽知晓项家世事，自幼存心报仇，不肯学文，学剑用功，研究兵法，以备日后当将军任主帅，指挥千军万马。项梁知其人小志大，心中窃喜，遂拜请名师，教其兵书，自己也兼职辅导，勉励其志。项梁虽寄居吴中，却仇恨不隐，有心反秦，广交名士，聚拢人才。项羽明白叔父之心，更与叔父志同道合，遂同出同进，形影不离。当秦始皇下江南，游会稽，项羽伴叔一起观看，即义愤填膺，怒发感慨："彼可取而代也！"此话如雷贯耳，惊人怵心，吓得项梁急忙用手掩其口，厉声警告："不可妄言，这话是要灭族的呀！"项梁吓了一跳，然就话听音，悟出侄儿心志，遂紧握小侄之手，笑待时机。

2. 战场上，项羽的统帅智慧得到彰显

巨鹿大战，是楚军救赵灭秦军主力的一场决定性战役，充分显示了项羽的指挥智慧。"项羽乃悉引兵渡河，皆沉船，破釜甑，烧庐舍，持三日粮，以示

士卒必死,无一还心。于是至则围王离,与秦军遇,九战,绝其甬道,大破之,杀苏角,虏王离。"这里我们看到,项羽绝不是一个没有头脑的莽夫。可以说,破釜沉舟并不仅仅意味着一种勇气,更是一项极高明的军事计谋,真所谓"置之死地而后生"。义军大胜,"当是时,楚兵冠诸侯。诸侯军救巨鹿下者十余壁,莫敢纵兵。及楚击秦,诸将皆从壁上观。楚战士无不一以当十,楚兵呼声动天,诸侯军无不人人惴恐。于是已破秦军,项羽召见诸侯将,入辕门,无不膝行而前,莫敢仰视。项羽由是始为诸侯上将军,诸侯皆属焉"。项羽"战神"精神是基于"恨敌",而身先士卒的行为则出于"爱兵"品格。面对"刘邦之帮"发动的楚汉战争一打数年,劳兵伤民,不能止息,项羽急不可耐,令壮士往汉营挑战。汉营中有善于骑马射击的百发百中的神射手,名叫楼烦,楚军挑战三合,都被楼烦一一射杀。项羽知情,遂不再派将士出战,竟然亲自披甲持戟挑战,楼烦正欲射之,项羽怒目呵斥,吓得楼烦"目不敢视,手不敢发,遂走还入壁,不敢复出"。到底怎么啦?刘邦询问情况,为之"大惊"。面对敌人,项羽满腔怒火,英雄决战,然而面对百姓,他则充满爱怜,爱护兵士,重于爱己,战斗遇险,身先士卒,爱兵忘我,冲锋陷阵,不畏牺牲。

3. 灭秦后,项羽首王不狂、笑语还乡,更显大智无形

宏大的气势景象本来就没有一定之形,项羽的智慧和坚毅都统一在他的意志力里,而不仅仅是外观。项羽分封十八诸侯后,笑语还乡,诸王也各自领兵,各往封地,兵马分守,天下初定。孔子曰:"三十而立",而项羽随叔父起义江东,渡江伐秦,年仅二十加四,鞍马铁骑,挥剑扬戟,浴血奋战,除旧国,立新国,时年二十加六,此何等之奇,何等之伟!项羽作为江东小子,时无"帝心",灭秦后,定关中,功居第一,势盖天下,仍旧无念皇位。直到"政由羽出",众将唯命是从的情况下,"项王欲自王,先王诸将相",上表奏请义帝,"乃分天下,立诸将为侯王",其姿态还是那般忸忸怩怩、遮遮掩掩。如果是刘邦,其态将如何?再说项羽已知刘邦其心在占有天下,但考虑"业已讲解",从时势考虑,从友谊出发,以信义为本,仍旧封刘邦为汉王。这是为何?说透本质,项羽反秦,其实主意是在于报项家仇,雪楚国恨,是为除暴,是为安民,打天下而不坐天下。他主命封王分地,"平分天下与诸侯","自立"为"西楚霸王",也仅图个诸王之长的名誉。项羽胸怀，至大无比，"独弃关中酬故将"，这比尧舜禅让更为壮举。

4.败亡后，做出智慧选择，留给江东"一片天"

垓下战败后，对项羽来说，并非死路一条，而是有三条路可走：第一条是向刘邦的汉军投降；第二条是逃往江东，伺机再起；第三条是战死及自杀，而进行毫无胜利希望的拼杀，实质也

图3-1　"西楚霸王"仿金印　陈超篆刻

是选择自杀。对项羽而言，第一条路是完全不可能的，因为它彻底背离了项羽守候的贵族精神和品格。第二条路照说是可以考虑的，因为它既有可操作性，即乌江亭长正驾小船等候项羽渡江，又有合理性，俗话说君子报仇十年不晚，东山再起仍是英雄，但是，项羽还是否定了："籍与江东子弟八千人渡江而西，今无一人还，纵江东父兄怜而王我，我何面目见之？纵彼不言，籍独不愧于心乎？"项羽选择乌江自刎，这是他慎重的选择，也是智慧的选择。从中国历史发展的大视角观察，项羽垓下战败后自刎而死，比渡江而王东山再起更为合理，死比生更有意义。假如历史能重新再走一遍，让项羽真的渡江，招兵买马，和刘邦重新再战，江东必然重燃战火，百姓永无宁日。项羽是江东八千子弟的统帅，当他必须谢幕的时候，他必然想到他的江东父老、他的贵族血统，他的谢幕是智慧的、有尊严的。

四、大仁无垢的明君素养

1.项羽"恭敬爱人"，楚汉将士，有口皆碑

有人说：项羽之败，败于不仁，败于无德。仁属于道德范畴，仁德顺于天道，仁不能守，则德不能厚。项羽不修仁德，则不合天道，气力虽壮而仁德不丰，则不能为王为君。其实不然。这里有必要就当时人对项羽、刘邦的评价

做个对照性比较。萧何说："王素慢无礼,今拜大将,如呼小儿耳。"陈平说："项王为人,恭敬爱人,士之廉节好礼者多归之。……今大王慢而少礼,士廉节者不来。"高起、王陵说："陛下慢而侮人,项羽仁而爱人。然陛下使人攻城略地,所降下者因以予之,与天下同利也。"史实告诉我们,项羽"仁而爱人",并优于刘邦。清仁宗嘉庆皇帝爱新觉罗·颙琰读《通鉴纪事本末》,当读至"高帝灭楚"时,感慨赋诗云:"信谓妇人仁,了然若观炬。"(《读通鉴纪事本末·高帝灭楚》)

韩信说项羽之"仁"属于"妇人之仁",那么何谓"妇人之仁"?韩信的解释是:"项王见人,恭敬慈爱,言语呕呕,人有疾病,涕泣分食饮,至使人有功,当封爵者,印刓弊,忍不能予,此所谓'妇人之仁'也。"韩信此话不假,符合项羽用人处事实情。韩信之评,陈平佐证,他说:"项王为人,恭敬爱人,士之廉节好礼者多归之。至于行功爵邑,重之,士亦以此不附。今大王慢而少礼,士廉节者不来。然大王能饶人以爵邑,士之顽钝嗜利无耻者,亦多归汉。诚各去其两短,袭其两长,天下指麾,则定矣。然大王恣侮人,不能得廉节之士。"韩信之评,郦食其佐证,他说:"项王……于人之功无所记,于人之罪无所忘。战胜而不得其赏,拔城而不得其封,非项氏莫得用事。为人刻印,刓而不能授。攻城得赂,积而不能赏。天下畔之,贤才怨之,而莫为之用。故天下之士,归于汉王,可坐而策也。"高起、王陵等人也都证实了这一点。众口论证,豁然开朗,项羽是个重于仁爱、重于廉洁、重于节操的人。其实,项羽之败并非"败于不仁",亦非"败于不善用人",而在于其识人用人原则——"廉节"。项羽之败,并非"败于身边无人",而是"士之廉节好礼者多归之"。项羽心仁慈,能爱人,也能用人,人也能为之用,为之立功,可是项羽不能赏人以金钱、封人之官职、容人之贪求、任人之胡来。一般地说,论功行赏,乃用人之道。尤其是战乱年代,将士浴血奋战,甚至冒着生命危险立下战功,若不能论功行赏,那么谁跟你干?韩信所言,出于亲历体验,他前期仰慕项羽,先行投靠,可不见名位给予,故愤然离开,改奔刘邦,助刘邦战胜项羽。

2.项羽"愿与汉王挑战"来结束战争,不苦天下

楚汉相争历经数年,老百姓苦不堪言,"楚汉久相持未决,丁壮苦军旅,老

弱罢转饷"。年轻人早已厌倦了长期的军旅生活,老弱也因战争转徙、水陆运输而十分疲惫。项羽仁心为上,心忧百姓,提出了和刘邦进行一次单独决战,一决雌雄,来结束战争,而不让天下的子民继续受苦。项羽对刘邦说:"天下匈匈数岁者,徒以吾两人耳。愿与汉王挑战决雌雄,毋徒苦天下之民父子为也。"项羽"愿与汉王挑战决雌雄"的原因是十分清楚的,就因为我们两个人,就使天下百姓遭受苦难,太不应该了。而刘邦不愿意迅速结束这场战争,他的回答是:"吾宁斗智,不能斗力。"分析项、刘对话,说话人的目的是完全不同的。项羽的话侧重点在于"毋徒苦天下之民父子为也",他见到的是百姓的苦难,他想到的是如何让他们迅速脱离这苦海。刘邦决不应战,其主观动机也很清楚——不顾一切,只为保全自己。因为决战,就有可能牺牲自己,而继续这场楚汉战争,哪怕是以牺牲更多的百姓为代价,只要他能够继续保全性命,就可以向既定的名利的目标靠近。

项羽"决斗"的想法,在刘邦看来不免显得幼稚,但项羽仁爱天下的情怀却可见一斑。刘邦呢,不要说对老百姓了,对自己父亲、子女的生死他都不管。城皋之战对自己的父亲生死不闻不问,那一句最恶心的"分我一杯羹",留下了千古不孝的骂名。徐州之战被楚军追赶,为了自己逃命竟然数次将亲生儿女踢下车。司马迁正是用刘邦这种不仁、不义、不孝的小人形象,反衬着项羽的大仁大爱,重情重义。

3. 自刎乌江是项羽大仁品格的升华

项羽站立在乌江浦,面对大江滔滔东逝水,遥望江东芸芸父老,回顾征战历程,面对眼前之境,他全然明白:"刘邦之帮"是要彻底灭楚,斩项除王,一君天下。我若回江东"称王",必守江东,势必以长江划界,南北分裂,楚汉继续对峙。谁来守卫江东?八千子弟已不归,我已羞愧之至,还该回到江东"称王"吗?不称王也罢,只管自己保命,但"刘邦之帮"许可吗?结果只能是我逃一路,汉军追一路,杀一路,乱一路,吴中不安,江东不安,我活何安?想到这里,项羽毅然决然:一不做江东王,二不回江东去。己若不降,唯有自刎。项羽此心,识者透明,不以成败论英雄,辩证看待项羽得失。诗云:"力尽乌江千载后,古沟芳草起寒云。"(许浑《鸿沟》)"霸业一朝尽,乌江万古流。"(万虞恺《乌江庙》)

假若项羽过江东"称王","卷土重来",刘邦南征,如此种种,战火必将再燃江淮、黄河、中原、秦川,汉末三国期间的战乱苦难就是后证。战争有正义与非正义之分。正义之战则一战到底,非正义战争则不可多打一日。项羽八年中经历了这两种不同性质的战争,前三年抗暴反秦,是正义的,后五年楚汉战争,虽然是多种原因造成的,但属于楚汉争雄,刘、项争霸,性质与目标决然不同,"楚汉战争"不一定是"反秦战争"的必然发展与连续,应该说,是完全可以避免的,起码可以规模小些、时间短些、伤民少些。项羽早就认清这一点,并想避免这一点,灭秦之后,即刻封王分土,是想让诸王各就其土,天下安定。与刘邦对立非其本意,楚汉战争更非其所望,所以他曾一次次谋求和解,可一次次遭受"刘邦之帮"拒绝。尤其鸿沟划界后,"刘邦之帮"背信弃义,一次又一次联盟诸王侯以重兵围剿他,是要把楚汉战争打到底,把异己的军政势力全剿灭,以得逞"刘"姓天下。唐代诗人胡曾游历考察过项羽踪迹和楚汉遗迹,写有《鸿门》、《鸿沟》、《垓下》、《乌江》和《长安》等篇,聚而读解,可谓《史记·项羽本纪》的缩写和诗译,对项羽站立乌江浦时内心世界也揣度得比较客观与准确:"争帝图王势已倾,八千兵散楚歌声。乌江不是无船渡,耻向东吴再起兵。"

五、大忠无言的爱神品格

1. "色不侵二",项羽忠情于虞姬,一生不变

京剧《单刀会》中有一场关羽与鲁肃饮酒对白戏,其中,羽白:"酒不饮单!"肃白:"色不侵二!"鲁肃实际上是借题发挥,乘机赞美关羽人品。所谓"色不侵二",典出元代金仁杰杂剧《萧何月夜追韩信》,其第三折有一曲《尧民歌》,其词云:"霸王酒不饮三,色不侵二。有喑呜叱咤之威,举鼎拔山之力。人有疾病之苦,泣涕衣食而饮。"剧作家让剧中人韩信面对刘邦评赞项羽"色不侵二",其用意大抵有二:一是赞许项羽纯情人品,二是暗讽刘邦好色嗜性。检阅千年古国,能享受"色不侵二"之誉的帝王将相,唯此项、关"二羽"。关羽被奉为忠义贤圣,项羽亦当被赞为忠情丈夫。

《史记》卷七《项羽本纪》记载："有美人名虞，常幸从。"虞姬容貌艳丽，身材窈窕，心善良，人和顺，性贞淑，情豪爽，喜武术，善歌舞，爱整洁，淡酒醴，是一位品性多元化的绝代美人，人们敬称她为"虞美人"。垓下被围，楚军衰微，项羽焦急，虞姬忧伤。是夜明月，万籁无声，忽闻四面楚歌，当下惊疑，出帐细听，歌由汉营传出，愈加诧异，汉营如何这么多楚人，以为汉军尽得楚地，心情更加沉重。这时，军弁禀报，说护营将士闻歌思乡，纷纷逃散，只有八百护帐警卫尚存。项羽长嘘一声，返身入帐，见虞姬站立相待，已泣成泪人，并于席上重摆昨晚几盘残肴，一盅满酒，项羽知意，上前持盅，一饮而尽，酒从口入，悲由心起，酸楚成歌，流播颤音："力拔山兮气盖世！时不利兮骓不逝！骓不逝兮可奈何！虞兮虞兮奈若何！"如此悲歌慷慨，呜咽歔欷。虞姬旁听，声声击心，句句销魂，遂即轻舞，飞泪而歌："汉兵已略地，四面楚歌声。大王意气尽，贱妾何聊生！"吟罢，即拔出项羽腰间佩剑，振臂引颈，剑横血溅。绝代佳人，香销命殒，体偎大王怀，血溅项羽身。

传说，项羽挟带虞姬头颅南驰，是求人虽死，体跟随，魂相依。谁料渡淮之后，入阴陵，迷失道，陷入大泽。谁料转向入东城，竟被汉军追骑包围，突围战中衣锦包裹散了，虞姬头颅丢了。项羽为此恨天，天之亡我，何毁我情？项羽来到乌江，站立在渡口，面对"生"、"死"选择时而果断敲定于后者，其心潮滚滚，思虑重重：仰望天空，想到"天之亡我"；眺望江东，想到"无颜相见"；俯视大地，追兵在逼；回首来路，孤魂弃野——"念姬"之心，油然而生。项羽站立乌江浦，隔江相望故乡而不归去，竟然选择自刎，这其中必有苦衷，必有难言之隐，必有大"忍"促成，必有大"爱"支撑。这个"大爱"是男女之爱，是夫妻之爱，是人生伴侣之爱，是人间、地下、天上"三界"贯通的永恒之爱。

2. 怀楚东归，项羽家国情怀的集中体现

唐朝颜师古说："怀楚，谓思东归而都彭城（今江苏徐州市）。"（《史记·项羽本纪注》)是指项羽为了实现自己的政治理想和抱负，建立理想中的西楚王国，最终选择离开关中，东归故里，体现项羽对故乡父老的思念情怀。

鸿门宴之后，项羽便率领大军进入咸阳。《史记》卷七《项羽本纪》记载："居数日，项羽引兵西屠咸阳，杀秦降王子婴，烧秦宫室，火三月不灭；收其货

宝妇女而东。人或说项王曰：'关中阻山河四塞，地肥饶，可都以霸。'项王见秦宫室皆已烧残破，又心怀东归之思，曰：'富贵不归故乡，如衣绣夜行，谁知之者！'"

如果说项羽粗暴地洗劫秦都咸阳，是他报国仇家恨的本能反应，那么他选择离开关中正是为了实现他的政治理想和抱负——恢复楚国祖业，建立他理想中的西楚王国。项羽手下将士皆楚人，都有衣锦还乡的愿望。项羽发出"富贵不归故乡，如衣绣夜行，谁知之者！"的政治宣言，也是顺从民意之举。最终，项羽选择离开关中，东归故里。怀楚东归，绝不是一时冲动的决定，这是他忠诚于楚国和故乡的家国情怀的集中体现。

司马迁在《项羽本纪》中最后评判项羽说："羽非有尺寸，乘势起陇亩之中，三年，遂将五诸侯灭秦，分裂天下，而封王侯，政由羽出，号为'霸王'，位虽不终，近古以来，未尝有也。及羽背关怀楚，放逐义帝而自立，怨王侯叛己，难矣。自矜功伐，奋其私智而不师古，谓霸王之业，欲以力征营天下，五年卒亡其国……"

司马迁在这一段话里，明确了项羽率领诸侯兵马，诛灭暴秦，分封天下，自立为"西楚霸王"，全国的政令全由项羽发出这一事实。司马迁在这一段话里还认定了项羽"五年卒亡其国"，认为项羽立国的时间是"五年"，从这个意义上说，项羽的理想实现了，他是成功者。或问："不作偷生渡江计，可须千里更西来？"（北宋贺铸《题项羽庙三首》）其实，项羽起义之初，意在除秦政之暴，报家国之仇，并非图霸称王。对此，初唐诗人于季子看得很清，说得很明："北伐虽全赵，东归不王秦。空歌拔山力，羞作渡江人。"（《咏项羽》）

3. 不肯归去，项羽对江东父老的忠孝之心，至死不渝

史实告诉我们，项羽垓下突围，率余部南驰，是欲抢渡长江，回归江东，以图东山再起。正为此，他痛别虞姬后，一路奋战突围，如愿而至乌江浦，此时汉军追骑未至，恰有乌江亭长檥船待渡，只要他跨步上船，既能保有生不死，也可望东山再起。然而，项羽眺望江东，面对渡船，"渡"，还是"不渡"，他犹豫不决。亭长见状，劝导他说："江东虽小，地方千里，众数十万人，亦足王也。愿大王急渡。"亭长所言，情况属实，可以施行。项羽当然比亭长更多了解江东,更能预见前途,为何反倒滋生"不渡"之念呢?项羽当时很冷静,笑着向亭长解释说:"籍与江东子弟八千人渡江而西,今无一人还,纵江东父兄怜而王我,我何面目见之?纵彼不言,籍独不愧于心乎?"亭长听解,无意再劝,当即接受了项羽的爱物之赠和伤员之托,船载乌骓与伤员而去。汉军追至。项羽与剩余将士"皆下马步行,持短兵接战。独籍所杀汉军数百人。项王身亦被十余创"。最后,项羽不肯受俘,自刎而死,走上不归路,而后被刘邦部将抢割遗体,身首五分。

项羽为何"羞见"江东父老?因为随他起义的"江东子弟八千人渡江而西,今无一人还"。天有阴晴,战有胜败,楚师失败而归,可东山再起,子弟亡去,会前仆后继,江东父兄会理解,会原谅,也会"怜而王我",对此,项羽心里完全明白,深信不疑。那他为何不回江东,因为他"愧于心"。这种"愧于心"的意念即项羽对江东父兄孝敬之心的典型表现,宁愿自刎而不肯归去,是项羽忠于江东父老感情的最高升华。

项羽在乌江,"渡"与"不渡"的选择,在当时即等同于"生"与"死"的选择,也是就此认输为"败将"与东山再起再"称王"的选择。乌江亭长分析得很清楚。对此,项羽当时心里很明白,他面带笑容做了真诚的回答。天不让我做王,我何以做王?父老让我做王,我何能安心做王?项羽此时,无意做王,羞于做王,人性大于名位。诗云:"玉斗声中霸业空,乌江江水还流东。"[(元)周权《鸿门宴》]"想铁甲重瞳,乌骓汗血,玉帐连空,楚歌八千兵散,料梦魂应不到江东。"[(元)萨都剌《木兰花慢》"彭城怀古"]项羽起于垄亩,北伐救赵,挺兵入关,东归划界,他没有想到事情会这般出乎意料地逆向发展,八千子弟如今无人随归,自然羞见父老,王业不在意中,做人自尊为要。诗云:"项籍路

图 3-2　铜雕《战神》　陈超书刻

由此,力豪闻拔山。八千提楚卒,百二破秦关。垓下围歌合,江头匹马还。却 甸诸父老,相见亦何颜。"[(宋)梅尧臣《宣州杂诗二十首》其七]项羽精神是多 元的,在乌江畔时的心态是复杂的。然而项羽最终选择"不渡",这是其内在 的大忠无言的大爱品格的闪光。

项羽不仅是个一身闪光的军人,更是个一心赤诚的丈夫;既有"力拔山 兮"的英雄气概,也有"虞兮虞兮奈若何"的悲切情怀;他是豪迈奔放的,也是 缠绵婉约的;他能"狂来说剑",也能"怨去吹箫"——他是气贯长虹、叱咤风 云、勇武绝伦、侠骨柔肠的盖世英雄,也是两千多年来民间广为传颂、人民普 遍喜爱的拥有完美人格的"战神"和"爱神"。

第四节　天上人间西楚梦
——西楚文化的内涵和外延

西楚区域在商周春秋时代为徐国所在,具有徐文化特点;后经吴越文化的 熏染、楚文化的浸润,形成具有包容性与创新性的文化特色;秦汉之际,由于项 羽的叱咤风云,"西楚雄风"突出表现为一种英雄文化。那么,究竟什么是西楚 文化? 西楚文化的特征又是什么呢? 西楚文化的内涵和外延又有哪些呢?

一、西楚文化的界定

西楚文化是秦末汉初以西楚霸王项羽故乡和封地为中心地带的地方特 色鲜明的区域性文化。项羽以宿迁(下相)为楚的核心,故以"西楚"冠之,谓 之"西楚文化"。从影响地域看,西楚文化主要影响着今天的大淮海地区,即 江苏西北、山东西南、河南东南和安徽东北计 4 省 10 多个地市。

最早探索"西楚"的特有文化的,首推西汉的扬雄。扬雄在《辎轩使者绝代 语释别国方言》(简称《方言》)一书中三次提到有关西楚地的个别方言用语,例 如:"肖,类,法也。齐曰类,西楚梁益之间曰肖。"直到今天我们还会用到的"不肖子孙",其语源便在这里。另,"陈郑之间曰敦,荆吴扬瓯之郊曰濯,中齐西楚之间曰訏"。敦、濯、訏都是大的意思,但扬雄在这里列举了不同地域的三种不同方言,实际上表现了三种不同的地域性文化,这里的"西楚"已经体现出了其特有的文化符号,我们今天研究西楚文化也正是基于这样的一种认识。

二、西楚文化的基本内涵和主要特征

1. 西楚文化的基本内涵

项羽的人格精神,构成了西楚文化体系的主体结构,我们从他的大信无欺的贵族本质、大勇无畏的军人气度、大智无形的统帅风格、大仁无垢的明君素养、大忠无言的爱神品格里,析出西楚文化的主要内涵,概括为五个方面,凝结为五个字——"信"、"勇"、"智"、"仁"、"忠",成为西楚文化的主要特征。

(1) 信

"得黄金百斤,不如得季布一诺",如此守信义的季布一直追随项羽,且"数窘汉王",项羽正是以自己的信义才赢得了季布的效命。项羽待人做事诚信,鸿沟协议按约退兵就是最好的例证。长期楚汉之争使将士疲惫,百姓遭殃,项羽早就希望结束这场战争。当时,刘邦父亲、妻子均在项羽手中,刘邦连续派出说客,终于说服项羽释放太公、吕后,双方以鸿沟为界,中分天下,鸿沟以西为汉,以东为楚。《史记》卷七《项羽本纪》这样记载:"汉王复使侯公往说项王,项王乃与汉约,中分天下,割鸿沟以西者为汉,鸿沟而东者为楚。项王许之,即归汉王父母妻子。……项王已约,乃引兵解而东归。"既然楚汉划界议和,就应该遵守信义,各据一边。于是项羽依约退兵,即刻归还了刘邦的父亲、妻子,下令停战迁营。刘邦这一边,情况却完全相反。"汉五年,汉王乃追项王至阳夏南,止军,与淮阴侯韩信、建成侯彭越期会而击楚军。"(《史记·项羽本纪》)刘邦刚刚从项羽的手里,将太公、吕后领回家,就马上翻脸。他趁着项羽"引兵解而东归"机会下手,乘项羽不备,借迁营之虚,兴师追击楚军。言必行,行必果,这是项羽的性格,而刘邦则相反。刘邦得天下前曾多次落在项羽的手里,项羽都怜而活之。可是刘邦一旦得脱,就背信弃义,暗中算计,

《史记》正是通过刘邦的言而无信来反衬项羽诚信的人格魅力的。

诚信无形，却可以经天纬地；诚信无色，却可以耀人眼目；诚信无味，却可以在上下五千年、纵横海内外的时空中散发出醇厚的芬芳。《说文》讲："人言为信。""信"是立身之道、兴业之道、治世之道。诚信无欺是中国人崇尚的社会交往准则，孔子把"信"列为对学生进行教育的"四大科目"（文、行、忠、信）和"五大规范"（恭、宽、信、敏、惠）之一，强调要"言而有信"，"信则人任焉"。"以诚待人"、"以信取人"、"一诺千金"、"诚实守信"等传统美德千百年来为人们所推崇并发扬光大。

诚信是个人的立身之本，是实现自我价值的重要保障，也是个人修德达善的内在要求。缺失诚信，就会使自我陷入非常难堪的境地，个人也难于对自己的生命存在做出肯定性的判断和评价。诚信也是治国兴邦之基，诚信为政，可以取信于民，从而政通人和。中国古代有商鞅立木树信的佳话，也有不讲诚信而自食恶果的烽火戏诸侯的反面史例，中国自古都是把"诚信"作为统治天下的主要手段之一。

（2）勇

项羽是中华数千年历史上最为勇猛的将领，世人称其"英雄盖世"，古今无双。项羽曾跟随叔父项梁避祸于吴中（今江苏苏州），秦二世元年（公元前209年）七月，陈涉等于大泽乡揭竿起义。消息传至吴中，项梁、项羽叔侄立即响应，直入会稽守殷通之室，"拔剑斩守头"，府卫兵士扰乱，项羽挥剑平息，一人"击杀数十百人"，于是"一府中皆慴伏，莫敢起"。项梁"乃召故所知豪吏，谕以所为起大事，遂举吴中兵。使人收下县，得精兵八千人"。项梁为会稽守，羽为裨将，任命参与起事者为校尉、侯、司马，吴中很快妥定，"楚"之大旗遂飘扬在江东大地上。是年，项羽年仅24岁。随后，项羽随叔父渡江北上西进，他冲锋在前，有战必胜，在推翻暴秦统治的大业中逐渐成为惊世骁将。从项羽挥剑斩杀郡守登上历史舞台，一直到他人生的最后时刻，"勇"都是贯穿始终的。综观《史记·项羽本纪》，我们会发现，项羽怒过、忧过，甚至惊过，但从未畏惧过，他的勇气不仅仅是出于自信，更多的是来源于一种常人所不具备的执着。

从某种意义上说，刘邦是西楚的另一个勇者，在反秦斗争陷入困境之时，他与项羽一同担负起了推翻暴秦统治的重任，而刘邦是沛郡丰邑（今江苏丰县）人，可以说，也是一个地地道道的西楚人。

中华传统文化对"勇"赋予了丰富内涵："持节不恐谓之勇"，"持义不掩曰勇"，"投身为义曰勇"，"知死不避曰勇"，"悬命为仁曰勇"，"弃命为仁曰勇"，"胜敌壮志曰勇"。"勇"就是要敢想、敢干、敢闯，敢于创新，敢于开拓，敢于承担责任，敢于说真话，敢于坚持原则，敢于实事求是。一言蔽之，"勇"就是勇敢果断、徇义不惧、刚健不屈。勇是本性对善的执着追求而产生的，它不依赖、不奉承权贵，轻视各种物质利益和名誉，为正义的事业百折不回，不惜生命。以正义的原则指导自己的行为，才是大勇，真勇，为一己之私利，为追求功名利禄，而置别人于不顾，乃小人之勇。中国传统文化蕴含的这种自强不息、英勇顽强的大勇，饱经磨难、历久弥新、愈挫愈勇、愈挫愈奋。

勇是不畏惧、勇敢、果断的品德和人生态度，是为正义的信仰而义无反顾、一往无前、不屈不挠的精神和勇气。目前，我们要实现中国梦，"勇"，又有了新的内容，那就是凝聚正能量，勇担时代新使命。我们要坚定理想信念，敢于成就梦想。我们还要勇于创新创造，要以更强烈的责任感和使命感，敢于趟深水区、敢啃硬骨头，力争在岗位上有所发现、有所发明、有所创造。

（3）智

从少年时的"学万人敌"之志，到后来巨鹿之战的破釜沉舟，特别是宁死不渡乌江，项羽的身上一直闪烁着智慧之光。项羽绝不是一介武夫，英雄勇气的背后，更需要统帅的军事指挥的智慧。特别是项羽宁死不渡乌江，不将战火引向江东，是常人难以做到的，显示出项羽超脱凡俗的圣者大智慧。项羽的同时代，还有一位将兵"多多而益善"的韩信是淮阴（今江苏淮安）人，也是西楚人，他的足智多谋是有名的。但是，他的智慧显然还只在将兵作战的层面，比之项羽，是略逊一筹的。

在古汉语中，"智"通"知"，"智"就是知者、明智、智慧、机智，是指人们普遍具有的辨认事物、判断是非善恶的能力或认识。中国古代思想家赋予"智"以丰富的道德和内涵，"智"包括知道遵道，学而致知，不知不觉，智而不奸。

在儒家的道德规范体系中,"智"是最基本最重要的指标之一,也是儒家理想人格的重要品质之一。首先把"智"视为道德规范、道德品质或道德情操来使用的,是伟大的思想家孔子。他把"智"与"仁"、"勇"两个道德范畴并举,定位为君子之道,即所谓"知(智)者不惑,仁者不忧,勇者不惧"。在儒家思想史上,孟子第一次以"仁义礼智"四德并提。他从行为的节制、形式的修饰、道德的认知和意志的保障等意义上确立了礼与智在道德体系中的不可或缺的位置。最终,仁义礼智四位一体,相依互补,恰成一完整的道德范畴系统。到了汉代,儒家确立仁、义、礼、智、信为"五常","智"位列其中。

《圣经》记载说,上帝将人类始祖亚当、夏娃安置在伊甸园中,告诉他们园中所有的果子都可以吃,唯有一棵"知善恶树"上的果子不可吃。亚当、夏娃受蛇的引诱,吃了禁果,遭到了上帝的惩罚,被逐出伊甸园。没有智慧的时候,人类不知羞耻,不分善恶,不明是非,更不具备智慧型的系统知识。可见,对智慧的追求从人类诞生的那一刻起就已经成为人类的基因,也正是如此,人才与其他动物区别开来,成为"万物之灵"。因此,"智"是人之为人的心理性基础。

"智",首先表现为明辨是非。改革开放以来,我们取得了举世瞩目的成就,但在向市场经济转轨的过程中,一些传统道德、传统思想观念也受到了冲击,在树立荣辱观、加强道德建设方面,我们还存在着不少问题,比如:对信念与实惠、奉献与索取、竞争与合作、效率与公平、社会责任与个人利益、向前看与向钱看、党性原则与市场经济原则等问题,许多人认识模糊,是非不清,拜金主义、享乐主义、极端个人主义思想滋长蔓延,有的人见义不为、见死不救、为富不仁,有的人重金钱重实惠而轻名誉轻人格,有的地方假冒伪劣商品和社会丑恶现象泛滥严重等。这些问题的存在,最根本的就是荣辱观缺失,是非、善恶、美丑不分。这些问题的出现和蔓延,对社会道德体系造成了冲击,损害了社会风气,也严重影响了经济社会的健康发展。我们要弘扬真善美,摒弃假恶丑,做真正的"智者"。我们应树立正确的荣辱观。荣辱观是对荣与辱的根本看法,"荣"是指光荣或荣誉,"辱"是指耻辱。中华民族是一个有着强烈荣辱感的民族。从耻食周粟的伯夷、叔齐,到无颜面对江东父老的项羽;

从耻为亡国奴的文天祥,到拒绝美国救济面粉的朱自清……无数铮铮傲骨的人物,在中华历史上演绎了无数可歌可泣的事迹。从张思德、雷锋、焦裕禄、孔繁森、吴登云,到我市的高仁林、陈先岩、朱快乐、"二妹子"民兵班、吴杰,一批批优秀共产党人,闪烁着一个个平凡而光辉的名字,每一个姓名都代表一段感人的故事。他们公而忘私,助人为乐,敬老尚贤,无私奉献,张扬着道德的大旗,耸立起一座座人格的丰碑。

新时期的"智",还需要我们把中华民族的道德智慧同人文智慧、科学智慧聚成一体,开启新的智慧。实现中国梦的力量源泉在于充分发挥人民的聪明才智,只有取得人民群众的参与和支持,发挥人民群众的智慧和力量,中国梦的实现才有根本保证。

(4)仁

"陛下慢而侮人,项羽仁而爱人。然陛下使人攻城略地,所降下者因以予之,与天下同利也。"(《史记·高祖本纪》)这是刘邦天下大定之后,置酒雒阳南宫时,高起和王陵对刘邦说的话。两人都是汉臣,说话的对象是高祖刘邦,他们不可能违背事实,为项羽涂脂抹粉,而且刘邦也认可了两人所说的话。可见项羽的仁也是人所共知的。

什么是"仁"? 孔子给仁下定义说:仁者"爱人",并解释说,"夫仁者,己欲立而立人,己欲达而达人"、"己所不欲,勿施于人"。孔子在回答子张问"仁"时,对"仁"的内容还做过这样的说明:"能行五者于天下,为仁矣",五者为"恭、宽、信、敏、惠"。孟子说:"亲亲,仁也。"在《告子下》中说,"爱人"作为人的基本品德不是凭空产生的,它从爱自己亲人出发,但是为"仁"不能停止于此,而必须"推己及人",要做到"老吾老以及人之老,幼吾幼以及人之幼"。要做到"推己及人"并不容易,得把"己所不欲,勿施于人"、"己欲立而立人,己欲达而达人"的"忠恕之道"作为为"仁"的准则。

如果要把"仁"推广到整个社会,这就是孔子说的:"克己复礼曰仁,一日克己复礼,天下归仁焉。为仁由己,而由人乎?"如果仅仅把"克己"与"复礼"解释为平行的两个相对的方面,那么对"克己复礼"的理解还不深刻。所谓"克己复礼曰仁"是说,只有在"克己"的基础上的"复礼"才叫作"仁"。

孔子的"仁学"充分讨论了"仁"与"人"的关系,孟子则更进一步论述了"仁"与"天"的关系。孟子说:"尽其心者,知其性也;知其性,则知天矣。"孟子曰:"恻隐之心,仁也。""天心"本"仁","人心"也不能不"仁","人心"和"天心"是贯通的,因而儒家"仁"的学说实是建立在道德形上学之上的,故在《中庸》中说:"诚者,天之道;诚之者,人之道。"孔子儒家的这套"仁学"理论虽不能解决当今社会存在的"人与人之间关系"的全部问题,但它作为一种建立在道德形上学之上的"律己"的道德要求,作为调节"人与人之间的关系"的准则,对于人们的和谐相处无疑是有一定意义的。

自孔子倡导"仁"学以来,"仁爱"成为中华民族的"共德"和"恒德",孔子把"仁"作为个人道德修养的最高境界,把"爱人"作为道德的根本要求,把"天下归仁"作为最高的社会道德理想。讲"仁",就是讲人与人的关系,讲人对人的爱,由对父母之爱、兄弟姐妹之爱,进而推及对他人之爱。"仁",不仅是最基本的德目,而且是最普遍的德性标准,讲"仁爱",成为中华民族传统文化的重要伦理要求。中国人至今仍视有德者为"仁人",无德者为"不仁"。"仁爱"思想,作为几千年来中华民族的主要价值取向和道德要求,渗透在中华民族的血液中,铸就了中华民族的特殊品质。

"仁爱"是现代道德的基本元素,是现代文明精神的基石,其核心是对人的价值、人格尊严的尊重。孔子倡导"仁者爱人","仁爱"成为最基本的、最普遍的德性标准。以仁为核心形成的古代人文情怀,经过现代改造,可以转化为现代人文精神,成为"以人为本"的精神资源。

(5) 忠

关于项羽,人们谈论最多的还是他的忠诚,一方面是他的忠于国家、矢志不渝,另一方面是他的待友之谊、重情重义。项羽出身于楚国的贵族之家,他的国家被秦国百年凌侵并终为其灭,少年项羽那一句脱口而出的"彼可取而代也"表现出项羽从孩童时代就决心灭秦复楚的理想和抱负。那么,一旦对秦复仇成功,项羽就要进一步实现他的政治理想——复立楚国霸业。项羽自觉地将自己命运、家庭命运同国家的整体命运联系在一起,这种"家国情怀"极大程度地左右他的主体行为,影响着他的人生选择。

　　项羽忠诚的另一个层面就是待友之谊和对虞姬的重情重义。古往今来，很多评论家在论及项羽和刘邦关系时，常常责备项羽在鸿门宴上没有杀掉刘邦，留下祸患。实际上，按照项羽的磊落的性格，如果他真的想杀刘邦的话，那一定是通过军事进攻，彻底打垮刘邦的军队。鸿门宴上，范增一再示意杀掉刘邦，项羽一直默然不应。项羽、刘邦当年曾同在项梁部下共同抗秦，重友情、尚仁义的项羽怎能计杀当年的战友，落个不仁不义的骂名？项羽不仅对朋友故交重情守信，对爱人虞姬也是爱得专一、"色不侵二"，这样的重情重义，古今鲜见。一首《垓下歌》成为千古绝唱，"虞兮虞兮奈若何"的伤情也让多少人为这位西楚霸王感到无限惋惜。

　　"忠"是什么？忠是指真心诚意，始终如一；忠是为人忘己，为义忘利，为公忘私，为国忘家；忠是尽职尽责，尽思尽言，尽心尽力；忠是仰无愧于天，俯无愧于地，做无愧于人，思无愧于心的高尚道德品质。忠是永恒的无私无欲的自然运化，忠是人应遵循的道德准则。

　　人欲尽忠，必先行孝，事父母能孝，干事业必忠。人能赡养父母，尊敬长辈，尽孝道于家，在外必能忠于事业、忠于人民、忠于国家，是为大孝。"人生自古谁无死，留取丹心照汗青"，这是对民族的忠诚；"杀了我一个，还有后来人"，这是对革命的忠诚；"我要把有限的生命投入到无限的为人民服务中去"，这是对人民的忠诚；"亏了我一个，幸福十亿人"，这是对祖国的忠诚；"敢问路在何方，路在脚下"，这是对事业的忠诚；"但愿人长久，千里共婵娟"，这

图3-3　砖刻《垓下歌》　陈万福作

是对爱情的忠诚……忠诚令多少代人成为不朽,它是一代一代人永远的追求,不管是现在还是将来,它永远是人的精神支柱,是人的心灵家园。

在当今这个崭新的时代里,在改革开放和市场经济大潮的涌动下,我们眼前的世界呈现出了前所未有的缤纷和嘈杂,我们的内心世界承受着来自四面八方的诱惑和冲击,我们曾一度坚信和执着追求的目标在经受着各种价值观的挑战。在这五光十色纷繁复杂的世界里,显赫的名、丰厚的利,华丽的衣、鲜美的食,漂亮的房、高档的车,还有那妩媚的色,随时可能激发你的欲望,令你心智迷乱。这时候,关键要看你是否有从容的心态、平淡的心情、理智的头脑、博大的胸怀和准确的思维,就要看你是否能够坚守住自己的精神家园,是否依然不忘自己的那份执着、那份忠诚。佛说,一棵参天大树能长多高,不取决于它往上努力的程度,而取决于它的根往下能扎多深。对于现实生活中的每个人来说,能忠诚于自己从事的事业,坚守住信念,耐得住寂寞,经得起诱惑,努力地把根往下扎深扎稳,虽然近乎平凡,其实也就臻于高贵了。

总结以上所述,可以得出五个字:"信"、"勇"、"智"、"仁"、"忠",这在项羽的身上得到了突出的表现,也是西楚文化内涵的主要内容所在。

2. 西楚文化的精髓特征

西楚文化内涵深厚,特征独具,影响地域明显。西楚文化具有"信"、"勇"、"智"、"仁"、"忠"五个方面的内涵,它的最主要的精髓是"仁",是"行仁义"。

(1) 儒家"仁义",出自徐国[①]

根据徐旭生的研究,西楚地区在商周至春秋时期属东夷集团中的徐国。[②]《春秋·僖公三年》"徐人取舒"条杜预注云:"徐国,在下邳僮县东南。"[③]《汉书》卷二十八上《地理志上》"临淮郡"条下云:"徐,故国,盈姓。至春秋时徐子章禹为楚所灭。"即徐国都城在今江苏泗洪一带。曾昭燏、尹焕章认为从西周

---

① 参见《儒家"仁义"出徐国》,《宿迁日报》2010 年 8 月 30 日。
② 徐旭生:《中国古史的传说时代》(增订本),文物出版社 1985 年版,第 166—167 页。
③ 杜预:《春秋左传集解》,上海人民出版社 1977 年版,第 240—241 页。

开始,这里就是徐国的政治、经济和文化中心。①

徐国是个英雄辈出、笃守仁义的地方。在汉民族的远古传说中,徐国国君中出了后羿,他去世后,民间有了他射下9个太阳、妻子嫦娥奔月的传说。

关于古徐国,《徐偃王志》中说:"若木事夏后氏,是始封于徐,是始主淮夷。"伯益为禹治水成功立下了汗马功劳,因此在论功行赏时,伯益的儿子若木被封到古代的徐城,建立了徐国(徐地是指东海、山东以及江淮流域一带),是首先统治淮夷的领袖。唐代张守节《史记正义》引《括地志》说:"大徐城在泗州徐城县北三十里,古徐国也。"据江苏省淮安市的专家考证,古徐国的国都应该在泗洪县半城镇。

与许多帝王出生时的不寻常景象一样,第三十二世徐国国君徐偃王的诞生也相当具有传奇色彩。《史记》卷五《秦本纪》中说:"徐君宫人有娠而生卵,以为不祥,弃于水滨洲。孤独母有犬鹄苍,衔所弃卵以归,覆暖之,乃成小儿。……后鹄苍临死,生角而九尾,化为黄龙也。"传说,黄帝的第三十八代孙——徐国第三十一世君王徐绥的王后姜氏,十月怀胎,产下一肉卵。徐绥认为是不祥之物,命人将其弃之水滨。没料到却被那条叫鹄苍的黄狗给叼回来了,绥王面带愠色。侍卫见状复送水滨。过了半个时辰,鹄苍又将那肉球衔了回来,后面还跟着一位老婆婆。只见那婆婆将那肉瘤揣于怀中。徐王再看那肉球时,忽闻内有婴儿声……绥王遂赐名"诞"字。男孩右手拳屈不开,等到七岁时才能展开,有"偃"字文在手中,这个小孩就是徐偃王。

徐偃王出生时相貌不寻常,《荀子·非相篇》中说:"且徐偃王之状,目可瞻焉。"《尸子》云:"徐偃王,性多怪,没深水而得怪鱼,入深山而得怪兽,多列于庭。"那意思就是喜欢和奇怪的动物为伍,以显示与常人不同。

由于鹄苍衔卵救偃王有功,偃王厚待之,饲养至老死,"化为九尾黄龙"后"葬之徐里,有垄存焉"。葬犬之处旧称"龙墩",又名"鹄苍冢",老百姓称"狗坟"。"龙墩"遗址现在仍然高高耸立在泗洪县陈圩乡境内。百姓对鹄苍也十分崇敬,认为鹄苍为吉祥的象征,千百年来,人们祭祀它,祈祷其保佑风调雨

顺,世世代代为鹄苍冢添土。

徐偃王"修行仁义……以怀诸侯",把省下来的军费改善民生。由于他爱护百姓,施行仁政,不仅徐国,连周围30多个诸侯国都非常拥戴他。《后汉书·东夷传》记载:"偃王处潢池东,地方五百里,行仁义,陆地而朝者三十有六国。"这表明当时开封、封丘一带曾为东夷人所有,卫国和聃国当时已失去了对这一带国土的控制管理。传说偃王也拥有令人艳羡的甜蜜爱情,如今泗洪县太平镇有村名香城,据说就是因为原来有徐偃王夫人粉妆楼而得名。

强盛的徐国让周穆王心中忌惮,周穆王以徐偃王"僭越"称王、"逾制"建城等为由,命令造父联合楚军进攻徐国,楚侯接到周天子命令后,有大臣说:"徐之东三十六国,皆服于徐,不伐之,楚总有一天,亦朝于徐也。"

楚国出兵的消息传到徐国,徐偃王叹息说:"圣人不可杀人以呈己欲……"他主张仁义,不肯战,《水经注》载:"徐不忍斗其民,北走彭城武原山,百姓随者万余家。"徐偃王弃国而去,数万百姓自愿追随,这就是历史上有记载的第一次百姓随君王而行的大撤退。徐偃王所到的东山因此改名为徐山(今邳州西北徐山),因徐山而有了徐州,这是《禹贡》所记载的。

徐偃王弃国,但楚军还是不放过他,一路追杀。徐偃王率领部分徐国人最后经海路南下,到达浙江宁波一带。最终,他怀抱美玉投海而死。

徐偃王虽死,但他的仁义深得人心,周穆王在徐偃王投海后,又封徐偃王的次子宝宗为爵,都彭城,继续治理徐国。周敬王八年(公元前512年)冬,吴王夫差派孙武、伍子胥兴师北渡淮河伐徐,放泗水以淹徐国。当时的徐国国君章羽自缚请降,要求保留国土未果,逃入楚国,徐国亡。

夏启六年封若木于徐之后,徐国经历了夏、商、周三个朝代,共有44代君王,存世1600余年。《后汉书》卷八十五《东夷列传》:"秦并六国,其淮、泗夷皆散为民户。"也就是说,秦统一六国后,东夷各支已不再以独立的实体存在,而是成了秦国的"编户",成为中华民族大家庭的组成部分之一。

徐文化对后世影响最大的是大行仁义之风,许多典籍都有相关记载。《淮南子》卷十八《人间训》载:"昔徐偃王好行仁义。"《后汉书》卷八十五《东夷列传》载:"偃王仁而无权,不忍斗其人,故致于败。"《博物志·异闻》引《徐偃王志》载："长而仁智，袭君徐国。"但是，史书所载的徐偃王却活动于周穆王、楚文王、楚庄王三个不同的时代，这是怎么回事呢？顾颉刚认为："'徐偃王'不是一个具体的人，而只是他们国族的一个徽帜。"①也就是说，"行仁义"是徐国君主的一个思想和文化特征。

徐国虽亡，其仁义之名却因孔子、孟子而流传。比徐偃王出生晚440多年的孔子，受其"仁义"理念影响，创立了以"仁义"为重要核心的儒家学说。孔子评价徐偃王"躬行仁义，远近悦服"，《荀子·非相篇》甚至将徐偃王与尧、舜、禹、汤、伊尹、傅说、周公等并称。

著名历史学家庞朴从竹简的考证得出结论说："仁字从尸从二。尸是指尸方，是山东沿海一带到江苏苏北一带的民族，也称作夷。"②他肯定地说："尸就是夷，居住在尸方的人有一种美德，这种美德就被称作仁。"这"二"字，是羡划，羡就是多余，"二"是多余的笔画，专用来装饰的。孔子时代，在大城市里，礼没有了，乐崩坏了，而夷地区的某些传统风俗还是很好的。所以"子（孔子）欲居九夷"（《论语》），他要"礼失而求诸野"。最后，终身倡导"仁义"的孔子，终于把东夷人（尤以徐偃王为代表）的"仁"，提升成了九州大地共同推崇的"仁"。

2. 项氏家族，广行仁义③

项羽的祖父项燕是出了名的"爱士卒"的楚国大将，他继承了楚地仁爱的品质，对将士的仁爱是有名的，甚至到陈胜、吴广大泽乡起义时，还要借项燕的仁爱来获得人心："项燕为楚将，数有功，爱士卒，楚人怜之。……乃诈称公子扶苏、项燕，从民欲也。"（《史记·陈涉世家》）陈胜、吴广在项燕的仁爱大旗下掀起的反秦战争比当年秦统一的风暴来得更为猛烈。项燕的儿子项梁也在江南扶持楚国王室后裔，竖起了复国大旗。

---

① 顾颉刚：《徐和淮夷的迁留》，见《文史》（第三十二辑），中华书局1990年版，第10—11页。

② 庞朴：《仁字臆断——从出土文献看仁字古文和仁爱思想》，"帛书研究"网，2000年12月10日。

③ 参见王冬《项羽仁义论》，《项羽研究》（第2辑），江苏人民出版社2013年版，第172—184页。

项羽出生于楚国的贵族家庭,传承了这个贵族之家的仁爱传统。项羽"恭敬爱人",楚汉将士,有口皆碑;项王出征,身负版筑,以为士卒先(《汉书·英布传》);项羽曾提出"愿与汉王挑战"来结束战争,目的只在不让天下百姓继续遭受战争之苦;项羽对自己的乌骓马都要考虑周全,临终也要安排周详;项羽自刎乌江,牺牲自己,就此熄灭战火,他的大仁品格得到升华。中国科技大学宁业高教授说,项羽是英雄,也是人性的达人、人格的全人、人世的智人。他胜能重义,不谋杀刘邦;输能认命,不寻求"卷土重来";败亦保节,不贪生赖活做降虏;亡人不亡情,一是泪别爱姬,二是痛赠爱马,三是死别乡亲。人能至此,史来几何?[1]

3. 西楚大地,仁义永续

西楚大地一直承袭着仁义之风,千年不衰。不同时期、不同领域的代表人物层出不穷,这里略举数例。[2]

三国名将鲁肃,出生于今泗洪县临淮镇,他的身上忠信仁义的品格也有充足的体现。历代史家都认为,鲁肃雄才大略,并不亚于诸葛亮,而他一生对孙吴政权忠实不二。公元 200 年,孙权继位。鲁肃投奔孙权,提出了孙吴"鼎足江东,以观天下之衅"的战略构想,坚持并促成孙刘联盟,终成三国鼎立局面。鲁肃在诡谲多变的三国风云里多方斡旋,忠贞仁爱,在三国故事中,通过人物不同性格的对比,鲁肃仁义的品格跃然纸上。

清代著名女诗人倪瑞璇(1702—1731)是今宿迁城区人,出身书香门第,不仅能写诗作画,而且通晓音律和精于女红,是一位不多见的仁义才女。倪瑞璇写有《大学精义》、《中庸折中》、《周易阐微》以及六本诗集等。她的诗歌,笔力矫健,题材多样,或借古讽今,或抨击时弊,或关心民生,或抒写忧愤,均能挥洒自如,得心应手。她 17 岁时就深刻地思考仁义治天下的问题,她的《过兴龙寺有感》,借评论朱元璋开创明王朝政权,指出:"自从秦与汉,几经王

---

[1] 参见宁业高《项羽的人格魅力及其现实意蕴》,《项羽研究》(第 1 辑),凤凰出版社 2011 年版,第 633—657 页。

[2] 参见《宿迁文化名人资料(宿豫、宿城)》,http://blog.sql1996.com/? 199/viewspace-25491。

与帝,功业杂霸多,岂果关仁义?"深刻地批评从秦始皇到明朝历代帝王中,没有一个是真正靠仁义来统治天下的。

清代的王相(1789—1852),字惜庵,祖籍浙江秀水,其曾祖父王林曾来宿迁做过宿虹邳睢盐运同知,晚年去职,隐居宿迁,至王相时已入宿迁籍。王相虽出身于士大夫家庭,幼读诗书,深通六经典籍,擅长诗文,然自幼不屑科举,鄙薄仕途,性好文学艺术,酷嗜古籍及金石书画,他是道光年间誉满南北的著名古文物收藏家和著作家。其著作有诗集《无止境斋初、续稿》8 卷,《乡程日记》1 卷,《井窥》2 卷,《春明图说》1 卷,《草堂随笔》24 卷,均刻版印刷。遇有旱、涝灾荒及修建庙宇桥堰,王相总是竭力资助,拯救死伤,乐善不倦。寓居苏州太仓的王子若于道光十八年(1838 年)致王相的信中说:"汇读诸作,处世宅心,则仁至义尽……而仁信利薄,裨益实多。不仅在人有不厌百回之读,在已有长留诗卷之名已也。"由此可观王相思想的仁义传承。

清末民初还有一位举人社会活动家黄以霖(1856—1932),也是今宿迁宿城区人,1891 年考中光绪辛卯科举人,时年 35 岁。后历任郧阳知府候补道,署湖南提学使兼署布政使等职,为官清正,廉洁奉公,其仁义善举,令后世称颂。民国成立,黄以霖无意仕途,全心致力于慈善事业。起初,他亲自联系上海社会名流虞洽卿、杜月笙、张啸林、王晓籁、黄金荣、江问渔、黄炎培、梅兰芳、马连良、周信芳等,发起赈灾动员会,动员会决定成立华洋义赈会(后又改为江苏义赈会),公推施韵轩、黄静渊、刘儒珍、刘军等主其事。为了筹集雄厚的赈灾资金,先由发起人带头自献,继向街头宣传,呼吁工商学界募捐,再由梅、马、周等明星在黄金戏院公演两周,所得票金,全部贡献赈灾。单以宿迁而论,仅 1914 年、1917 年、1926 年的三年中,就由华洋义赈会拨款 22 万元(银圆)赈济灾民,使灾民得以安度灾荒。灾民为了表示敬意,曾于兴国寺前为黄以霖撰文勒碑纪念。

著名佛学家、陕西省佛教协会会长净一法师(1922—2002),又名静一,生于江苏省宿迁市,19 岁(1940 年)即慕道出家。20 世纪 80 年代,担任陕西法门寺首座、监院,1987 年,佛指舍利再现于世,法门寺一跃而成国际名刹,法师主持重建工程,1999 年 8 月,被选举为陕西省佛教协会会长。老和尚慈心济世,践行佛法,深受四众爱戴,以实际行动践行了"无缘大慈,同体大悲"的大慈大悲济世精神。1997年,全国政协副主席、中国佛教协会会长赵朴初接见法师,赋诗赞誉法师为"菩提孙枝"。诗云:"菩提圣树有孙枝,想见如来悟道时。愿住世间常护法,百千万劫以为期。"

徐偃王、项燕、项羽、鲁肃、倪瑞璇、王相、黄以霖、净一法师……数千年来,行仁义的传统在西楚大地一脉相承。

西楚故国经历了西周春秋时代受中原文化影响的徐夷文化,以行"仁义"的特色流传于世;秦楚之际又浸润了西楚之风,项羽亦继承"仁义"古风,铸就了西楚文化的最本质特征,成就了"西楚雄风"的美名,西楚故地的仁义遗绪至今不绝。

三、西楚文化内涵的外化

1."五常"、西楚文化与"社会主义核心价值观"

中华民族在几千年的发展中,创造了博大精深的传统思想文化,形成了支撑中华民族存续和发展的价值体系。在这个价值体系中,最核心的价值观体现为"仁、义、礼、智、信",称为"五常"。这五个方面中,"仁"以爱人为核心,"义"以尊贤为核心,"礼"是对"仁"和"义"的具体规定,"智"则是智慧,机智勇敢,"信"为信用、诚信,正所谓一诺千金。五常不仅是五种具有基础性的"母德"、"基德",而且形成并高度概括了中华传统道德的核心价值理念和基本精神。一方面,每一个时代的新道德必须与"仁、义、礼、智、信"的传统美德相承接,才能生根成活,才能持续发展;另一方面,只有弘扬"五常"这样基础性的母德或基德,才可以将潜藏于国人心中的传统美德复苏起来,培育起来。

在不同时代、不同社会生活环境中,人们形成的价值观可能是不同的,但是同一种族所传承的"母德"、"基德"的影响却不会有本质的不同。正如一杯清茶,僧人从悠远的茶香中,品出了丝丝禅意;诗人从灵动的茶水中,读出了人生百态;医生从苦涩的茶味中,探询出养身之道。但是,探其究竟,喝茶,不过是饮取杯子中之茶水而已。西楚文化的"信"、"勇"、"智"、"仁"、"忠"这五个方面内容,正是中国传统的核心价值观"仁、义、礼、智、信"在项羽身上以及西楚时代的具体体现。

随着社会的不断发展,"仁、义、礼、智、信"这五大德在内涵上得到了进一步丰富和发展,更加体现中华民族的精神气魄,更加贴近社会生活。现代意义上的"仁、义、礼、智、信"已经在多个角度和层面上与社会主义所倡导的以人为本、公平正义等价值主张对接起来了。党的十八大提出了"三个倡导"的社会主义核心价值观,它是马克思主义与社会主义现代化建设相结合的产物,与中国特色社会主义发展要求相契合,与中华优秀传统文化和人类文明优秀成果相承接,是我们党凝聚全党全社会价值共识做出的重要论断。"中国社会主义核心价值观"共 24 字,即富强、民主、文明、和谐,自由、平等、公正、法治,爱国、敬业、诚信、友善。虽然只用了 24 个字来概括,但它分别从国家、社会、公民三个层面,提出了反映现阶段全国人民"最大公约数"的价值观。

自近代以来,中国人民一直渴望建立一个富强、民主、文明、和谐的国家,建立一个自由、平等、公正、法治的社会,希冀全体社会成员能够成为爱国、敬业、诚信、友善的公民。实际上,这一要求与我们今天的中国梦的内涵是一致的。只要全体中国人都能继承和践行社会主义核心价值观,就必能获得无比强大的精神动力,从而实现中国梦的理想蓝图。

中国传统的核心价值观"仁、义、礼、智、信",这是我们民族精神的千年之根,在西楚时代,它生发出了"信"、"勇"、"智"、"仁"、"忠"的枝叶,流传千载,影响深远;在我们实现中国梦的今天,它又结出了"富强、民主、文明、和谐,自由、平等、公正、法治,爱国、敬业、诚信、友善"的果实,必福荫后世,芬芳千年。

培育和践行社会主义核心价值观以改造和提升人的精神世界,是一项需要全社会共同参与的系统工程,只有使它真正地大众化、普遍化,变成国家、社会、公民个人的行为取向和价值诉求,才能真正发挥凝聚共识、引领风尚、规范行为的作用,我们才能真正体会到"赠人玫瑰,手留余香"的快乐,体会到"拯救灵魂,安顿心里"的自得,体会到"播撒清凉,愉悦自己"的幸福,体会到"立党为公,执政为民"的回报,我们的梦想也才能最终落地生根、开花结果。

2. 西楚文化内涵的现实意蕴①

西楚文化的内涵,表现在西楚霸王项羽身上,则为江东举义横扫天下的豪气与霸气,为巨鹿之战破釜沉舟的勇猛与无畏,乌江边上对江东父老的忧虑与眷恋……从项羽时代到今天,虽然时光流逝了两千多年,我们也步入了社会稳定进步、经济快速发展的新时代,但西楚文化的内涵与外延也相应地得到了拓展,并一直发挥着激励人心、凝聚力量的特殊作用。在新的时代背景下,我们还能从西楚文化里汲取怎样的营养呢?

(1) 培育自尊、自信的品质

项羽对生他养他的国家和民族具有高度的自尊心、自信心、自豪感,当楚国遭受暴秦的欺凌与屠杀的时候,项羽自觉地与祖国同呼吸共命运,决心复仇,绝不能容忍暴秦对祖国的歧视、入侵和压迫。

在中国近代历史上,无数的仁人志士都怀有高度的自尊心、自信心。老革命家吴玉章年轻时东渡日本留学,1904 年元旦,日本人在悬挂的万国旗中,看不起中国,故意不挂中国国旗。为维护国家和民族的尊严,吴玉章挺身而出,代表留日学生向学校当局严正提出,必须立即向中国学生道歉并纠正错误,否则,就要举行罢课和绝食以示抗议。学校当局在中国爱国留学生的强大压力下,只得认错道歉。

目前,我国处于和平建设时期,但是国际形势并不太平。近年来,日本政府胆敢非法"购买"中国的钓鱼岛,这实际上就是侵略和占领,我们不能不联想到九一八事变、南京大屠杀等日本法西斯侵我中华、辱我华夏的事件,中华儿女应该具有高度的民族自尊心,主动加入到维护祖国主权的行动中来,反对外国一切形式的掠夺和奴役,坚决维护祖国的尊严。

(2) 勇担兴国、兴邦的责任

项羽的祖父为秦军所杀,他的国家被秦国所灭,项羽灭秦复仇后的所有军事行为都是为了实现他的政治理想——复立楚国霸业,项羽自觉担起了兴国、兴邦的责任。

---

① 参见王冬《试论项羽的家国情怀》,《项羽文化》2013 年第 1 期(总第 10 期)。

有一首歌唱得好："家是最小国，国是千万家。"常思国之兴衰，是我们每个人的责任和使命。我国近代民族英雄林则徐说过："苟利国家生死以，岂因祸福避趋之。"在中华民族的历史长河中，精忠报国始终是激昂的主旋律。我们的祖国，作为世界文明的发源地之一，与古埃及、古巴比伦、古印度并称为"四大文明古国"。但是近代以来，中国经历了屈辱的艰难岁月。经过无数仁人志士的艰辛探索，由被动挨打到新中国成立，再到经过 30 年的改革开放，祖国已经发生了天翻地覆的变化，我们的综合国力不断增强，在国际上也发挥着越来越重要的作用。在新的时代背景下，民族复兴的伟大使命落到我们的肩上，我们要以高度的历史责任感和使命感，把爱国之情、兴国之志化作振兴中华的实际行动，在方兴未艾的经济建设大潮中勇挑重担，脚踏实地工作，把我们每个人的奋斗汇聚成推动祖国飞速发展的动力，以主人翁姿态建设好生于斯、长于斯的家园，为共和国大厦添砖加瓦，有所作为。

（3）养成智慧、大气的风范

项羽在鸿门宴上放掉刘邦，很多人不理解，甚至说他是"妇人之仁"。其实，这是项羽崇高、磊落的个性和智慧、大气的风范决定的。按照项羽的性格，如果他真的想杀刘邦的话，那一定是通过军事进攻，绝不会在自己的家门口计杀刘邦。最重要的是，项羽以国为重、以民为重，他认准的敌人是暴秦，而不是刘邦。不一叶障目，这就是大智慧。

风范，是一个人心理素质和修养的外在体现，反映人的处世智慧、道德品格、思想情操、性格气质、工作作风等。诗圣杜甫在一千多年前发出了"安得广厦千万间，大庇天下寒士俱欢颜，风雨不动安如山"的感慨与呼声；范仲淹在其《岳阳楼记》中表达了"先天下之忧而忧，后天下之乐而乐"的济世情怀；文天祥在国家危亡之时，置个人生命于不顾，明知凶多吉少，毅然前往和元军谈判，被捕后，挣脱敌人魔掌，以期重整旗鼓，收复大宋江山。这些封建士大夫尚能有这样的智慧、大气的风范，我们应该怎样做呢？

做大事情就要有崇高、大气的风范，即使做不到"物我两忘"，我们也要做到宠辱不惊，即使做不到"至善之美"，我们也要做到问心无愧。要淡看功名利禄，笑对坎坷曲折。像项羽那样真诚、坦率，绝不工于心计，攥拳让人猜；绝不灵肉分离，口惠而实不至。要有以天下为己任的"家国情怀"——以国为重、家为轻，以民为重、我为轻，常念民之冷暖，常思国之兴衰，常想党之安危。

（4）常怀惜民、爱民的情感

尽管项羽的一生一直处于征战状态，但是，他一直对普通百姓怀有仁爱与慈悲之情。楚汉战争相持阶段，项羽不忍百姓蒙受战争之苦，曾提出和刘邦进行一次单独决战，一决雌雄来结束战争，项羽说："天下匈匈数岁者，徒以吾两人耳。愿与汉王挑战决雌雄，毋徒苦天下之民父子为也。"（《史记·项羽本纪》）这种惜民、爱民的慈悲情怀，是值得我们今天学习的。

庐山会议上，彭德怀元帅冒着丢官舍命的危险，反映民情，说出真话，他为人民忧，为人民愁，为人民大声疾呼，尽管被罢官，仍然矢志不移，真正做到了忧在百姓前，为人民鞠躬尽瘁。当年，邓小平同志一句"我是中国人民的儿子，我深情地爱着我的祖国和人民"（理查德·伊文思：《邓小平传》），赤子情怀溢于言表。"一个人爱的最高境界是爱别人，一个共产党员爱的最高境界是爱人民"，这是共产党员孔繁森的人生感悟。人民群众是国家的主人，而党员干部都是人民的公仆，应该自觉置身于广大人民群众中去，扎根一线岗位，倾听群众心声，察民情，解民忧。要常怀爱民之心，自觉做到真情为民、真干富民；要常怀惜民之心，自觉做到真心益民、真意惠民，切实做到深入群众，为人民群众服务。

（5）坚守为党、为公的节操

立党为公，执政为民，是中国共产党的本质特征，也是我们党在长期的革命和建设中始终坚持的一贯思想。现在，有些党员常常对一些有损党的形象的言行不抵制、不斗争，有的还自觉或不自觉、有意或无意地跟着社会上一些负面情绪走，"台上满口政治，台下说三道四"，当面一套背后一套。每个党员的形象、前途与党休戚相关、荣辱与共，应该始终保持对党的一腔忠诚、一片深情，时刻为党着想、替党分忧，强化党员意识，牢记党员身份，多做为党加分的事，做到为党争光不抹黑、添彩不添乱。

我们研究西楚文化，意在让每一位公民都培育自己自尊、自信的品质，养成智慧、大气的风格，担起兴国、兴邦的责任。我们研究西楚文化，就是要求广大党员干部常怀惜民、爱民的感情，坚守为党、为公的节操。我们研究西楚文化，就是要学习项羽强烈的爱国情感和民族意识，将自己的命运和国家、民族的命运结合起来，就是要学习项羽敢于压倒一切敌人的英雄气概，在祖国需要的时候勇于奉献、无怨无悔，就是要学习项羽横刀立马、敢为人先的豪气与霸气，为促进国家的繁荣富强贡献自己的力量。

第四章 润物无声化西楚

第一节　相依相存经沧桑
——西楚文化与宿迁城市的变迁

　　宿迁古称"少昊遗墟"，少昊原是东夷族的首领，他的名字叫挚，挚是一种雄健的鹰。少昊又称青阳氏、金天氏，他是从太昊族中分化出来的，因而称少昊。少昊是神话中的上古五帝之一，少昊一直以太阳神作为祭祀的神祇，以鸟为图腾。

　　《山海经》中曾具体地记载着少昊之国的存在："东海之外大壑，少昊之国。"根据地质学家的研究和考证，大约在六七千年前曾发生过一次大地震。这次大震造成了马陵山及云台山的上升，同时裂成了一个大深谷，这就是古史传说中的"大壑"。约 6500 年前，地球进入了全新时代。一次巨大的全球性的海侵开始，海平面急剧升高，深沟成为大海。据世界海平面变化资料，6000 年前的海平面比现在海平面高出 2.8 米。大海向海岸临近的平原、丘岗逼近，到处是一片汪洋。今马陵山以东，沭阳的青伊、涟水一带，阜宁以北、滨海等地尽成泽国,形成一个 3000 多平方公里的深入内陆的海湾。这片海湾不见经传,失却记载。它就是古史传说中的"桑墟",是少昊氏的故乡,也就是《山海经》中记述的"东海之外大壑"。

少昊的聚落之墟,随着海岸的迁徙,逐步移向海滨的陆地。桑墟从地球上消失,但宿迁、沭阳"桑墟"这一地名至今还存在,成为这段沧海桑田的历史见证。

少昊之墟中,设有管理手工业及农业的官,擅于治水和农耕。设工正、农正,同时还"正度量",即设立度量标准,并观测天象,制定历法,发明乐器,创作乐曲,以鸟命官(其实是用不同的鸟作各少昊部落的图腾),已经创建了初步意义上的社会管理机构,设立了分工明确的公共事务官员,这些机构和官员正是国家机器的滥觞,正酝酿着国家文明的雏形。

少昊当处大汶口文化晚期或龙山文化早期。新中国成立后,宿迁地区多处发现大汶口文化和龙山文化的遗址。少昊之墟不是一个"面",而是一个个"点",这个面是一个个迁徙无定的点构成的。宿迁是少昊中心地带,故称"少昊遗墟"。这说明距今 6000 年前的少昊之时已有城邑。

实际上,早在 8000 年前宿迁就有了城池的雏形,2011 年宿迁泗洪顺山集文化遗址出土的环壕聚落,北京大学文博学院秦岭博士对遗址进行系统测量取样,确认顺山集遗址为一处距今约 8300～8100 年的环壕聚落,这是目前江苏省境内最早的新石器时期文化遗址。环壕跨度东西约 230 米,南北约 350 米,周长近 1000 米,其内侧面积近 7.5 万平方米。壕沟北部地势最高,向南侧逐渐倾斜,最南端为赵庄水库,此处原为一条东西走向的自然河道,与壕沟组成一个封闭的自然空间。

令人奇怪的是,环壕宽窄不一,最宽处位于北部靠近采沙坑处,宽达 24 米,普遍宽约 15 米左右,最深处位于最宽的北部,深度超过 3 米。从东段壕沟解剖情况看,壕沟底部较平坦,坡度较缓,外侧沟壁坡度较大,内侧沟壁呈缓坡状,坑洼不平,沟外堆积往往直接延伸至沟内,与沟内堆积相叠压。

南京博物院考古研究所所长林留根认为,环壕是遗址周边的深沟,有抵御自然风险和部落进攻的双重功能,相当于后来的"护城河"。对于环壕聚落的发现,考古界泰斗、北京大学文博学院李伯谦教授觉得意义特别重大。他说:"8000多年前,这不仅仅是一个普通的村落,而是一个环壕聚落,现在的城市是由有城墙的聚落逐渐发展而来的。城,就是从古代的环壕来的。古人就是挖一个很宽的壕沟,把自己围在里面,一方面有一个自然的防御,另外还有聚落的等级,防御动物野兽,还有防御部落之间的战争,保存很完整。"①他认为,在那个时候就有这样的壕沟,说明当时淮河流域在文化上是领先的,是一个中心聚落,这个聚落地位非常崇高,生产力非常发达,创造的文化也是非常灿烂。林留根所长也认为:"古人在8000年前挖掘那么长的环壕,难度非常之大,这是整个淮河下游流域发现的时代最早、规模最大的环壕,可以称得上是'天下第一壕'。"②8000年前的"城池"这一发现不仅将江苏的文明史向前推进了1500年,而且填补了淮河下游史前文明的一段空白。其聚落一面临湖,三面环壕,是整个淮河下游流域发现的时代最早、规模最大的环壕,确实称得上是"天下第一聚落"。

上古的文化对宿迁城市的发展变迁,起着重要的作用,但是影响最大的还是其后的西楚文化。

宿迁地名最早确有文字记载的是《春秋》鲁庄公十年(公元前684年)"宋人迁宿"。不过是时宿迁早已是淮夷邦国徐国、钟吾国等诸侯国的领地,建有都邑。钟吾国,周穆王满始封的侯国,是钟吾子爵封地,位于马陵山东麓。距今已有3000多年的历史。钟吾都城,筑在马陵山东麓。这里东濒沭水,西依马陵山,依山傍水,地势险要,是筑城立都之佳地。城池占地面积,据现有露出城郭遗迹看,周长四五华里之多。此时钟吾、徐国跟楚国关系最为密切。吴王阖闾三年(公元前512年)夏,吴国派出使臣,责令徐国(今宿迁泗洪)和钟吾国(今宿迁宿豫)交出领兵在外的公子掩余和烛庸。两国依仗有强楚撑腰,拒不从命,并私自放走二公子,让他们去投奔楚国。楚昭王十分得意,立

---

① 许昌亮、杜光、秦振华、高峰:《泗洪发现8000年前古村落 专家称这里是"江苏文明之根"》,《扬子晚报》2012年11月19日。

② 许昌亮、杜光、秦振华、高峰:《泗洪发现8000年前古村落 专家称这里是"江苏文明之根"》,《扬子晚报》2012年11月19日。

即派出大员隆重迎接二公子，并让二公子在养地（今河南沈丘县）暂住。接着，又命令莠尹然、左司马沈尹戌重修养城，把养城东北边的城父、东南边的胡田两块地方封给二公子，企图利用二公子危害吴国。这正好给了吴王出兵的口实。同年冬，吴王派孙武、伍子胥兴师伐罪。钟吾、徐国被并入吴国。周元王四年（公元前 471 年），又并入楚国。公元前 223 年，秦灭楚后，将钟吾国改为下相县，属泗水郡。

下相县治于古城，是为泗水古邑，反映了宿迁城邑的发展。秦时的下相县，治于古城，并非新建之地，用的是原来春秋时所建的城邑，故称古城。其址在今宿迁市开发区义乌商贸城下。2005 年初，宿迁市政府规划在下相古城遗址建造宿迁义乌国际商贸城。为探明和保护下相古城遗址，宿迁市政府文物管理部门邀请南京博物院主持，中国社会科学院郯城钻探队具体施工，自 2005 年 8 月 22 日至 9 月 25 日，对下相古城遗址进行了第一阶段的考古勘探。在宿迁开发区及其周边约 60 万平方米的范围内进行了普探、密探以及试掘，探出两处基建工程范围内存在文化堆积。堆积以北高南低、北厚南薄的趋势分布，厚 0.3～2 米，埋藏深度平均在 7 米以下，7 米以上多为黄河泛滥形成的淤积层。这次普探面积约 50000 平方米，密探面积 3000 平方米。

经过勘探与试掘，确定在宿迁宿城区项王故里西南部存在一个文化层堆积较厚、内涵丰富的古代城址。文化层中出土的陶片时代多为战国至汉代。根据这些陶片及城墙，可以推测这个古代城址即文献中记载的秦汉时期的下相县治所在地。下相古城遗址的生土从东南至西北逐渐抬高，地势为西北高、东南低，与整个宿迁的地势走向相一致，与文献中关于宿迁历史上水患频仍的记载相对应。本次勘探发现了秦汉时期下相城及相关遗址，确定了古代文献记载的下相城的地望，发现了城墙、城壕、角楼、灰坑、古井等，第一次揭开了下相城的神秘面纱。此次勘探重点解剖了城墙东南角部分墙体，了解了城墙上部的构筑和堆积情况。其中城墙土距地面 2.7～5.6 米，宽 10～18 米。上部为红褐色土，土质坚硬，厚 0.9～3.3 米。青灰色土中包含瓦片。城壕位于城墙外 20 米处，宽不少于 45 米。城壕内堆积深 7.8～8.2 米以上黄泛淤土，8.8～9 米以下有深灰色淤土，土质较黏，厚 0.2 米，再往下为灰黄色淤土，深 10.3～10.5 米为黄色生土。

此次钻探和试掘，均出土数量较多的板瓦、筒瓦残片。瓦片正面纹饰有粗绳纹、细绳纹、断续绳纹、棱纹等。另有一些素面筒瓦残片，瓦片面多为素面，少数有麻点纹和制坯时留下的指摁痕迹。瓦片颜色有红色和灰色两种，灰色占多数，红色仅有少数。陶质均为夹砂陶。城墙表面小沟中出土的瓷片，一为外面是酱釉、里面是白釉的瓷碗残片，瓷片上有支丁，另一为青瓷韩瓶口部残片。

2005 年 10 月 25 日至 11 月 9 日，南京博物院考古研究所的专家又继续对下相城进行第二阶段的考古勘探。首次发现青砖和骨片，找到了西、北两城墙的位置，考古人员最终确定城址为长方形，南、北城墙长 505 米，东、西城墙长 433 米，城址面积 218665 平方米。城墙保存不是太好，西北角部分已基本被洪水冲垮。主持考古的专家表示，与文献相印证，此处城址应是下相城遗址。此次钻探不仅确定了下相城的具体位置，更对下相城的大小、城墙结构等有了明确的认识。初步确定下相城为边长约 450 米的方城，城内有古代建筑遗存，确证下相古城有 2600 多年的历史。

由于历史的原因，楚人多迁移，楚国的都邑也曾几经迁徙，其迁都之频繁、所迁的都邑之多，是其他周初诸侯国所难以比拟的。据现有的资料表明，楚国都城至少迁过 6 次。楚文王（公元前 689 年—公元前 677 年在位）自丹阳迁于湖北省荆沙西北郢都；楚昭王（公元前 515 年—公元前 489 年在位）自郢迁于湖北省宜城东南的鄀都；楚惠王（公元前 488 年—公元前 432 年在位）自鄀迁今湖北省宜城的鄢都；楚顷襄王二十年（公元前 279 年）自郢迁于今河南淮阳之陈都；楚考烈王十年（公元前 253 年）迁于今安徽省阜阳市北的巨阳；楚考烈王二十二年（公元前 241 年）迁于在今安徽省寿县寿春。西楚也是这样，宿迁和其辖区的泗洪县、沭阳县、泗阳县等的城邑也多次迁移。宿迁城大的迁移至少三次，这就是"宿城三迁"。

一迁泗州。由于水患，下相古邑城池被水冲坏，因而，迁往泗州，即原来的厹犹城所在地，今宿迁洋河新区郑楼镇古城居委会，京杭大运河南岸 1 公里，为废黄河北堤中之一段，古为厹犹国治所。公元前 221 年，秦始皇实行郡县制,改厹犹国为厹犹县。东晋安帝义熙元年(405年),设立宿预县,历史上第一次出现宿预这个名称。南北朝时,宋武帝永初元年(420年)地属宋。宋废下相等县,统归宿预县。后地依次属北魏、齐、梁、陈、北周,梁时改属泗州郡。泗州城始建于北周武帝宣正元年(578年),当时北周政府为加强泗水(古水名,发源于山东沂蒙山,流经徐州、宿迁、泗阳注入淮河)水道和南北漕运的管理,在宿豫建城设治(今宿迁洋河新区郑楼镇古城居委会境内),由于倚泗水而建,故称"泗州"。这是历史上的第一座泗州城,第一个泗州治,同时也是宿预县的治所。

这里地势高峻,马陵山余脉自西北而来,泗水亦沿马陵山余脉西侧自西北而来,至厹犹故城西北分为东西两支,西支南下遇阻而折向东南经成子洼入淮,谓之小清口。东支在厹犹城北境南下亦被于家岗(今泗阳县临河镇境内)高地阻挡折而向北,又受烟墩高地(今洋河新区郑楼境内)阻挡折向东南,走了一个"几"字形,到角城(今泗阳县李口镇)再向东南入淮,称之为大清口。厹犹古城,就坐落在北依古城山,西南北三面皆临泗水,东有于家岗,东北有烟墩高地的这样一个地扼泗水要冲的险峻形胜之地。

隋大业元年(605年),炀帝开通济渠,历史上称汴渠,又称南汴。此河由洛阳帝宫西苑至洛口入黄河,自板渚引黄河水,经开封、商丘、灵璧、夏丘至临淮(今盱眙县城淮河对岸、非今临淮镇)入淮。大运河的兴起,使泗水的漕运逐渐衰败,泗州城也逐渐失去了当年的作用和繁华景象。据《旧唐书》卷三十八《地理志·河南道·泗州》载:隋时改泗州为下邳郡,唐武德四年(621年),(改)置泗州,领宿预(今宿迁市宿豫区)、徐城(今宿迁市泗洪县)、淮阳(今宿迁市泗阳县)三县。唐贞观元年(627年)淮阳县入宿预,以废邳州之下邳(今徐州市睢宁县)、废连州之涟水(今淮安市涟水县)来属。贞观八年(634年),又以废仁州之虹县(今安徽泗县)来属。总章元年(668年),割海州沭阳(今宿迁市沭阳县)来属。长安四年(704年)置临淮县。唐开元二十三年(735年),泗州城南迁95公里,徙泗州于汴口临淮县,又改临淮县为泗州城。结束了原在厹犹国址上泗州156年的历史,开启了新的征程。其后泗州治又迁,宋景德三年(1006年)徙临淮县治至徐城驿(今泗洪临淮镇),泗州遂成为跨汴河两岸的重镇,其南临淮水,西靠汴河,唐宋两代是漕运中心,有"水陆都会"之称。泗州城船舶如流,店铺林立,商贾如云,酒旗斜竖。政治、经济、文化达到了鼎盛时期。日本僧人成寻,于宋宁熙五年(1072 年)到中国交流佛事时,曾舟泊泗州城,目睹繁华活跃的商情和"夜火连河市"的盛景时说:买卖宝物、食物如杭州市。

而泗州古城唐时虽南迁,但它仍然是泗上要冲之一,漕运货量虽减少,但文人墨客仍写诗著文。唐钱起《晚次宿预馆》:"乡心不可问,秋气又相逢。漂泊方千里,离悲复几重。回云随去雁,寒露滴鸣蛩。延颈遥天末,如闻万国钟。"唐杨衡《夜半次古城》:"茫茫复生死,唯有古城时。夜半无鸟雀,花枝当月明。"随时间的推移,泗州古城饱经战乱和水患,多灾多难,景象萧条凄凉。元人陈孚《古宿迁》诗云:"淮水东流古宿迁,荒郊千里绝人烟。征衫不脱夜无寐,舟在西风乱荻边";"日落狐鸣野草黄,雁飞无数水茫茫。疏星野火寒沙上,知是何年古战场?"

由于长期的风雨剥蚀,特别是 1958 年"大跃进"时平田整地,泗州古城址被削低约 6 米,与依山修筑的黄河堤相连,已失巍峨之势,山北麓被挖掘,峭然壁立,犹显崔嵬之姿。山之北坡上,被里人挖出五间殿宇残基,每间宽约 3 米多,进深有 5 米,前有走廊砖柱,砖形大小厚薄不等,有字或花纹,系东汉、六朝以前之物,还有完好的陶制"鸱吻",殿宇可能是毁而复建,又被水冲圮而埋于河堤之下。山顶观音庵内,原有胸围两人才可合抱的古柏一株,当系先秦时期所植,惜已于 1947 年被砍伐。庵前有石阶 72 级,沿南坡下伸,是通向古城街市的道路,石阶已被挖去 10 多级,其余数十级和古城街市遗址,皆被废黄河积沙所掩埋。据江苏省文物专家探测,古城遗址的文化层暴露面积20000 平方米,混合文化层海拔 20 米,局部文化层厚 3 米,下为灰黑土文化层。2005 年,泗州古城遗址被确定为宿迁市重点文物保护单位。

二迁灵杰。灵杰是宿迁距原下相古城不远的一座小山。古泗州在唐开元年二十三年(735 年)迁临淮,而宿豫县治所仍在原泗州所在地。唐代宗宝应元年(762 年),为避代宗李豫名讳,将宿豫改为宿迁。宿迁素有"洪水走廊"之称,尤其是宋以后,黄河下游变迁,夺泗入淮,带来大量的泥沙,致使河床不断增高,形成了悬河,宋时,水患不断,城池屡迁。其后因黄泛危害和兵灾毁坏,宿迁县城于 1275 年迁至项王故里南一里灵杰山上另建,城墙为土筑。1275 年马可·波罗曾通过运河,到过宿迁,他在《马可·波罗游记》中,盛赞了宿迁鳞次栉比的街衢、繁华热闹的市集以及宿迁的繁盛昌明。这有三皇庙碑为证。三皇庙碑刻是江苏宿迁境内现发现最早的碑刻。三皇庙碑立于元延祐五年(1318 年),碑体高 2.30 米,宽 1.02 米,厚 0.22 米。出土时不见碑帽,碑体上沿部分破裂,少数文字模糊不清。碑文字体行楷,内容为颂扬轩辕等三皇及后世圣人“以医道为务,以济民生”的功德,阐述了“古人无贵贱,以医为师”,“不为良相,当为良医”的思想观点,简要叙述了谋划创建三皇庙的目的和经过。1985 年 7 月从 8 米多的鱼塘下出土三皇庙创建两庑碑。石碑总高 3.84 米,额正背面皆为二蟠龙抢珠造型,刻工精致,呼之欲出。碑额正中篆印一方,文曰“创建两庑”。碑座为赑屃,昂首左视,神态逼真,背纹清晰。正面楷书碑文完整清楚,而碑阴题名大部漫灭难识,碑身从鱼塘吊出时断为两截。碑文乃元惠宗至元三年(1337 年)夏历七月乡贡进士济宁路郓城县晏逢真撰,淞江府官医提领宿邑朱应仙书丹并篆额,下邳刘云孙镌。内容称颂邑宰王仲宽捐己俸为三皇庙创建两庑并塑十代名医像之功绩。济宁、淞江、下邳等地文人墨客齐聚于此,可见当时城市之繁华。

三迁马陵。元末,筑于灵杰山的宿迁县城,毁于水灾,明正德元年(1506 年)复筑。其范围南自新沟,北至马陵山麓。其门有四:南曰临淮,北曰通泰,东曰镇海,西曰会洛。明万历四年(1576 年),黄河水涨,危及城池,该城又被湮没。知县喻文伟迁城于马陵山,重建新城(即今宿迁市老城区)。新县城以土筑而堞以砖垒,城周约四里。呈椭圆形,墙高一丈五尺,地阔三丈。顶铺砖,阔一丈,雉砖砌,高三尺。置有三个城门:南曰望淮,东曰迎熙,西曰拱秀。为避讳,未置北门,但在北城墙上筑一亭,名曰览秀。城外筑堤护之。治所县衙随山势高下而阔,直深 45 丈、阔 30 丈,县衙大门抵大堂台阶为 5 阶,取自下升高之意。

明万历二十二年(1594 年),知县何东风修整城墙,且易以砖砌,并改建原三门为四门,南面由一门改为二门,北门仍未设。具体为:东曰阳春,西曰镇黄,东南(小南门)曰迎薰,西南(大南门)曰河清。始建于明万历年间的东大街,是徽商、浙商在此生活经商所建,楼台亭阁,雕梁画栋,是宿迁商业文化史的真实记录。城内商贾云集,物品丰富,人如潮涌,生意红火,定格宿迁当时的辉煌。荷兰籍作者约翰·尼霍夫的《荷使初访中国记》中记载:1656 年(清顺治十三年)六月一日,荷兰使团沿黄北上朝见中国皇帝时,途经宿迁,他们描述宿迁县城"位于一座丘陵脚下","该城右边有一座宝塔,建造得又高又美"。

清康熙七年(1668 年)地震,城墙多处倒塌,城门楼仅存 2 个,城堞仅存 30 余,宿迁同知邓元灿重修。乾隆三十二年(1768 年),知县池春玲重修,改东之迎薰为朝阳,增设东、西水门各一,城池变为周三里、高二丈一尺,厚三尺六寸,堞八百四。而后,咸丰年间,胡荣本、王献琛等重修,并在城外增建土圩,长一千六百余丈。光绪十九年(1894 年),知县萧仁晖续修,并在城外建哨门、吊桥、炮楼、涵洞等。1928 年,增辟北城门,命名中山。清末民初时,宿迁城北至今马陵中学,东至今幸福中路,南至今黄运路,西至今黄河东路 60 米。县署和钟吾驿站居城中偏北,小南门和北城门间由富贵街(今中山路)相通,县署前的府前街与西城门和富贵街相通。县署西为太平街,东城门内一条路与富贵街相通。城内有寺、庙、宫、祠 8 座。据史书已载,清代借助黄余水道运河的优势,宿迁城区相当繁荣,城内祠庙云集香火鼎盛,被誉为"庙城",尤其是康熙、乾隆六下江南,驻跸宿迁。康熙命重臣靳辅凿断马陵山,开掘中河(即城东的运河),避免了运河从古黄河通行 90 多公里的激流奔浪,康熙常视察运河、黄河水工。乾隆六下江南,来回 11 次经过、住驻跸宿迁,留下了大量的诗文赞赏宿迁,盛赞宿迁是"第一江山春好处"。

"淮水东流古宿迁,兴废往事越千年。"宿迁城邑的演进,在国内首屈一指,历经 8000 多年。这座历史文化底蕴深厚的古城,"地脉远从东岱入,山光坐向大河收"。宿迁古城的创建、发展、繁盛、水患、毁坏、三迁、复兴……犹如日月之变,有时灿烂,也有时晦暗。西楚文化,见证了宿迁城市的发展与悲欢,其影响历经千年而不衰。

第二节　如影随形千年事
——西楚文化与现代宿迁精神

浸润着淮夷古楚文化尚仁诚信、创新求变的精神,深受"楚虽三户,亡秦必楚"的楚文化的英勇顽强斗志的感召,西楚文化形成了锐意进取、敢为人先的思想精髓。西楚文化,博采众长,积极昂扬向上,一路向现代走来。从西楚文化精神到现代宿迁精神一脉相承,西楚文化精神是宿迁人重要的精神支撑,是最能体现现代宿迁精神的古文化精髓。

大革命时期,1927年秋,中国共产党开始在宿迁建立党的组织,党的组织的诞生地,就是宿迁大兴镇的马庄。1927年年底,中共宿迁第一支部在大兴马庄诞生,星星之火,很快就形成了燎原之势。

宿迁早期党组织成员来自武汉和上海两个方面,1927年"四一二"与"七一五"蒋介石和汪精卫相继叛变革命,在武汉国民党江苏省党务人员训练班学习的宿迁籍中共党员蔡少衡、管伯良、蔡克尧、杨玉铎以及在九江军校学习的陆品山等,受党组织派遣,于1927年下半年先后回到故乡从事党的活动。

当时的宿迁处于南北军拉锯的局面。1927年6月,国民革命军第二路北伐军总指挥部队到达宿迁,孙传芳联军北撤。第二路总指挥部废掉县知事,委任新县长,设立了国民党县党部。这时,在徐州三女师任教的宿迁青年蔡贡庭由徐州回宿,通过国民党江苏省党部特派员陈耀的关系,出任县农民协会组织部长。8月间,孙传芳部队反攻,再次占领宿迁城。北伐军南撤,蔡随同宿迁县国民党党部退往南京,后去上海。1927年8月蔡贡庭在上海加入中国共产党。9月,蔡贡庭奉省委派遣回睢宁、宿迁等地传达中共中央"八七"会议精神,在泗阳与蔡少衡接上关系。12月,北伐军再次占领宿迁,宿迁国民党政权恢复。蔡贡庭仍任农民协会组织部长。他利用职务之便,委派蔡少衡、管伯良分别任大兴、洋河农民协会主任,以合法身份为掩护,开展党的活动。蔡少衡来到大兴集,听说他的老同学马仑(马仑家是当地有名的财主)从徐州七师毕业后,担任洋河小学教员,就立即去拜访他。老同学见面,聊得十分投机。经蔡少衡介绍,马仑加入了中国共产党,并放弃了教师职业,全身心地投入到地方农民协会工作中去。蔡少衡发展马仑入党之后,又在大兴马庄发展马良之、张用琪入党。马仑等又先后发展马怀启、朱凤章、马成忠、孙培善等15人入党。1927年年底,中共宿迁县第一个党支部——马庄支部建立,马良之任党支部书记。

1928年2月,蔡少衡、蔡贡庭、马仑三人在宿城黉学(今宿迁中学所在地)开会研究成立宿迁县委。初步意见由马仑任中共宿迁县委书记。理由是:马仑年轻,有文化、有口才,精明强干,办事果断,家中有六七支枪,大兴一带人事熟悉,有利于工作的开展。

1928年3月,经省委巡视员张原石同意,中共宿迁县委员会在大兴马庄正式成立。马仑任书记,委员由胡俊三、蔡少衡、马良之、张用琪等五人组成。县委直属江苏省委领导。

这一届县委活动的中心地点主要在宿迁大兴集一带。那里离县城较远,又有运河相隔,国民党统治力量相对薄弱。那一时期,县委在运河以东地区领导农民开展抗租抗税抗债抗捐、抗筑圩及打牛卡、打盐卡等反官府、反封建的斗争,并均取得胜利。宿迁地下党组织和农民协会发展很快,农民运动风起云涌,盛极一时。党的活动范围由运河以东逐步扩大到运河以西,纵横近百里。1928年10月,中共徐海特委改组为中共徐海蚌特委,宿迁县委归其领导。至1928年年底,全县已先后建立大兴、洋河、耿车、埠子等4个区委,36个党支部,有党员604名,城镇、乡村、军营、学校到处都有地下党的组织,宿迁成为徐海蚌地区党员最多的一个县。

抗日战争期间,1940年9月—1941年8月,创建两块抗日根据地——淮海、淮北抗日根据地。

在抗日战争时期,中国共产党在全国先后建立了19块敌后抗日民主根据地,淮海抗日根据地、淮北抗日根据地,是中国共产党领导的全国19块敌后抗日根据地之中重要的两块。

淮海抗日民主根据地,地处江苏北部,北枕陇海铁路,南抵两淮,东临黄海,西至运河,包括淮(阴)海(州)等地区,辖淮阴、涟水、宿迁、沭阳、泗阳、泗沭、宿北、潼阳、东海、灌云县及运河特区等十多个县区政权,即今宿迁市、淮安市、连云港市、徐州市的部分辖区。物产丰富,人口众多。它是联结华北八路军和南方新四军的重要枢纽,是华中敌后抗战最有利、最能发展的地区,具有重要的战略地位。

1938年11月,党的六届六中全会确定了"巩固华北、发展华中"的战略方针,并设立中共中央中原局,刘少奇任书记,以加强党对华中工作的领导。1939年12月至1940年2月,中原局连续召开三次会议,讨论发展华中的战略方向、根据地建设和统一战线等问题,并建议中央派一部分八路军主力部队南下,协同北上的江南新四军,支援江北新四军,大力发展苏北抗日游击战争。

1940年1月19日,中共中央发出指示,要求新四军大江南北部队应在现地区力求发展,江南陈毅部队应努力向苏北发展。5月4日,中共中央再次要求东南局,向一切敌人占领区域发展,独立自主地扩大军队,建立抗日政权。1940年5月,黄克诚奉命率八路军第二纵队第三四四旅和新编第二旅共1.2万余人,由冀鲁豫根据地南下,配合新四军开辟苏北抗日根据地。

1940年9月18日,淮海抗日民主根据地在沭阳钱集宣布成立。面积2万多平方公里,南北120公里,东西190公里。10月10日,由黄克诚率领的八路军第五纵队南下占领盐城,新四军陈毅部北上进抵东台,两军的先头部队在盐城、东台之间的白驹镇胜利会师,这使中国共产党领导下的苏北敌后抗日根据地连成一片,八路军和新四军连成一片,开辟了华中最大的一块抗日根据地。

1942年冬,淮海根据地党政机关移到泗沭县境内,即今泗阳县的穿城、爱园与沭阳县刘集交界处。淮海区委书记金明、行署主任李一氓,覃健、刘震先后任淮海军区司令员。

1942年年底,中共淮海、盐阜两区党委和军区合并,成立中共苏北区委、苏北军区和苏北行政公署,黄克诚任苏北区党委书记、苏北军区司令员兼政治委员,金明任区党委副书记。根据地军民在苏北区委领导下,加强抗日民主政权建设、经济建设和文化建设,大力发展地方武装,多次粉碎日、伪军大规模的"扫荡"和"蚕食",巩固和发展了抗日根据地。1944 年,华中新四军向日、伪军发动作战攻势。苏北军民发起高沟、杨口战役和沿海作战攻势,攻克敌据点 40 余处,使淮海、盐阜连成一片。1945 年 8 月,苏北抗日军民举行大反攻。9 月,攻克淮阴、淮安。10 月,华中局、新四军军部决定发起盐城战役,11 月,攻克盐城。至此,苏北敌占区全部解放。

淮北抗日根据地,也是中国共产党领导的全国 19 块敌后抗日根据地之一。位于河南、安徽、江苏、山东四省交界的广大地区,由豫皖苏、皖东北、邳睢铜三块根据地组成。是八路军和新四军的联系枢纽,战略地位十分重要,它直接威胁日本侵略军占领的徐州、蚌埠等军事重镇。

1938 年 9 月,根据中共中央长江局的指示,彭雪枫率领新成立的新四军游击支队一部,于 1939 年年初到达安徽亳州北部等地区,取得夜袭芦家庙战斗的胜利,为进军皖北创造了条件;11 月,中共中央中原局书记刘少奇到达新四军游击支队司令部所在地涡阳新兴集,传达了党中央关于放手创立抗日根据地的指示。为贯彻刘少奇的指示,豫皖苏边区成立了抗日民主政权——边区联防委员会,同时成立了边区参议会。接着,各地的抗日民主政权也相继成立。这是豫皖苏边区抗日游击战争的重大转折。

1940 年 2 月,新四军游击支队正式改称为新四军第六支队。6 月下旬,黄克诚遵照中央军委的指示,率八路军 5 个团南下豫皖苏边区,与新四军第六支队合编为八路军第四纵队,彭雪枫任司令员,黄克诚任政治委员。

皖南事变后,部队奉命改编为新四军第四师,彭雪枫任师长兼政治委员,下辖 3 个旅、1.46 万人。1941 年 8 月下旬,中共中央华中局决定:刘淮河以北、陇海路以南、运河以西、津浦路以东地区为淮北苏皖边区,并将邳睢铜地区和淮宝县划入,成立了边区统一的行政公署,刘瑞龙为主任;成立中共淮北苏皖边区委员会,刘子久为书记;成立淮北苏皖边区军政党委员会,邓子恢为书记,统一领导淮北苏皖边区党政军工作。这标志着淮北苏皖边区抗日民主根据地正式形成。

1942 年 11 月,根据中共中央关于各抗日根据地实行党政军一元化领导的指示,淮北区委重新改组,邓子恢为书记;同时,取消淮北军政委员会,全边区党政军民工作统一于区党委的领导,由新四军第四师师长彭雪枫兼淮北军区司令员,邓子恢兼政委。

就在这一年 11 月,日伪军出动 7000 余人,分五路对淮北抗日根据地进行空前规模的"扫荡"。在人民群众的大力支援下,第四师主力部队浴血奋战,经过朱家岗、马公店、关帝庙等 37 次战斗,攻克青阳、马公店等日伪据点,共歼敌 700 余人,至 12 月中旬,粉碎了日伪军的"扫荡"。

从 1944 年 3 月起,在全边区范围内向日伪军发动了春季攻势,作战 60 余次,毙伤日伪军 1000 余人,取得了春季攻势的胜利。7 月,中共中央命令新四军第四师进军津浦路西地区。8 月,彭雪枫、张震、吴芝圃率第四师主力一部誓师西征。在 9 月河南夏邑县八里庄的战斗中,彭雪枫不幸牺牲。9 月 13 日,中共中央军委任命张爱萍为第四师师长,韦国清为副师长,继续执行西进任务。到 10 月,西进部队基本上收复了原豫皖苏边区的失地。同时,淮北路东军民发起了睢宁战役,使睢宁县全境获得解放。1945 年 8 月,淮北军民根据党中央关于必须占领交通线及其沿线城市的指示,向津浦铁路徐蚌段据点及各县城日伪军展开猛烈攻势,先后解放了宿迁、泗阳、五河、灵璧、永城、萧县等县城。至此,除津浦、陇海铁路沿线仍为日伪军占据外,淮北全境已获解放。

解放战争时期,1946 年 12 月 15 日至 18 日,宿北大战,首次使用华东野战军的名义,空前大捷,歼灭敌人大量有生力量,扭转了大局。

1946 年 7 月,国民党反动派撕毁停战协定,对我解放区发动了全面进攻。11 月 15 日"伪国大"召开,蒋介石为了以军事上的胜利为"伪国大"壮势,拟定了一个对华东解放区四路进攻计划。处于这一最紧张的阶段,战争双方都竭尽全力争取战局朝着有利于己的方向发展。

11 月 24 日,毛泽东在延安枣园会议上说:蒋介石对共产党的方针是一无自由,二要消灭,他是要在不允许共产党保持一块地方的条件下订城下之盟。因此,"我们的方针是战争的方针,这是确定了的"。毛泽东强调,今后数月的关键仍然是大量歼灭敌人的有生力量,逐步扩大歼灭战的规模,从根本上扭转战场形势,夺取战争主动权。

从 12 月 13 日始,蒋介石军队向我苏北解放区发动四路进攻,对我苏北解放区疯狂侵犯。企图首先夺取苏北,打通陇海铁路东段,切断我苏北、鲁南两解放区的联系,而后再犯山东。

蒋介石投入了 25 个整编师(军)68 个旅(师)的兵力。投入兵力为全国各个战场之冠。这时,蒋介石制订了一个迅速结束苏北战事的计划。在徐州绥靖公署主任薛岳指挥下,从东台、淮阴、宿迁和枣庄、峄县分四路进攻,企图切断山东与华中的联系,聚歼华中野战军主力,或者迫使华中野战军退至陇海路以北。几十万蒋军从三面压来,对山东野战军和华中野战军主力形成了半包围态势。国民党军队在兵力和态势上占据优势,华野和山野处于劣势。

陈毅和粟裕对敌情进行了分析研究,认为:四路敌军的间隙甚大,有利于我各个击破。其中由淮阴、东台、台枣出犯的三路敌军刚受到我军打击,行动可能比较谨慎,而由宿迁进犯之敌比较骄狂,可能冒进孤立;而且其进攻路线处于我两个野战军主力部队之间,便于我军就近机动兵力加以聚歼。歼灭该敌,有利于我军向西、向南或向北机动。因此,决心集中第一、第二、第九纵队,第八师及第七师主力共 24 个团,分批歼灭由宿迁来犯之敌。第六师、鲁南军区第十师等部共 20 个团的兵力分别在涟水及鲁南方向担任打援任务。

这次战役中,第一次使用"华东野战军"名义,华东野战军司令员兼政委陈毅,副司令员粟裕,副政委谭震林,参谋长陈士榘。陈、粟一起指挥全战役,谭震林指挥阻击进犯涟水和盐城之敌,陈士榘和政治部主任唐亮直接指挥第一纵队、第八师作战。

战役于 15 日黄昏打响。在北起沂河,南至海郑公路,东起来龙庵,西至运河,纵横五六十里的平原地区,集中一、二、四、九纵及七师、八师的 24 个团的优势兵力,抓住敌人较孤立突出的一路,采取东西夹击的战略部署,以突然急袭的动作,对由宿迁之敌整编第一师,六十九师的六个半旅十三个团,逐个加以分割围歼,经过连续五昼夜激战,于 12 月 18 日胜利结束。这次大战,打垮了敌人四路进攻的主要一路。全歼敌人一个师、三个整编旅、一个步兵团、一个工兵团。在人和圩战地上,击毙敌六十九师师长戴之奇,活捉敌六十九师副师长姚少伟和十旅旅长黄保德。击毙、擒俘国民党军官兵 2.1 万余人,缴获火炮 129 门及大批枪支弹药,从而大大打击了敌人的嚣张气焰,结束了苏北地区我军受包围的态势。宿北战役创解放战争以来一次作战歼敌最高纪录,是华东战场歼灭战规模越来越大的开端,是华东战局转折的标志,奠定了淮海战役胜利的基础。

中央军委 12 月 18 日发出贺电指出:"此战胜利,整个苏鲁战局好转"。《解放日报》为此发表题为《蒋介石孤注一掷的失败》的社论,指出:"这是苏皖解放区超过以前十一次大捷的空前的大胜利,也是今年七月以来整个爱国自卫战争中空前的大胜利。""宿北大捷对于今后的战局,将产生重大的影响。"宿北大战胜利告捷,陈毅司令员满怀胜利豪情赋诗一首:"敌到运河曲,聚歼夫何疑? 试看峰山下,埋了戴之奇。"

沭阳县沂涛镇,地处宿迁、淮安、连云港三市交界,现镇域面积 92.3 平方公里,5667 公顷可耕地,辖 21 个行政村和一个场圃,7.5 万人口。镇名是为纪

图 4-1　宿迁马陵公园宿北大战纪念塔

念本地革命烈士朱沂涛而取的。这里地处偏僻,却是三代中央领导人关注过的地方。沂涛是淮海老解放区,1943年建立抗日民主政权。1951年春天,沂涛人响应党的号召,开展农业合作化运动,起初仅有3个互助组,当年秋天,群众自发地组建了一个初级农业合作社。1953年,马厂荡大社成立,不久与其他社合并成立了沂涛乡。1955年冬天,乡领导朱凤楼、胡玉顺等人经过反复研究、酝酿,开拓性地拿出了一个为沂涛人民造福的《沂涛乡的全面规划》。在新中国成立初期文化相当落后的条件下,一个偏僻的乡村能有如此规划,确实难能可贵。

当年12月27日,毛泽东主席详细批阅了《沂涛乡的两年规划》,做出了批示:"这个乡做了一个合作化、增产措施、水利、整党整团、文化教育等项工作的两年计划,全国各乡也应当这样做。有些人说计划难做,为什么这个乡能做呢? 1956年,全国各县、区、乡都要做一个全面性的计划,包括的项目,比这个计划还应当多一些,例如副业、商业、金融、绿化、卫生等。哪怕粗糙一些,不尽符合实际,总比没有好些。一个省只要有一两个县、一两个区、一两个乡做出了相当像样的计划,就可以迅速传播开去,叫其他县其他区其他乡依照办理。说起来怎么样困难,其实是并不那么困难的。"并在全国推广沂涛乡合作化规划的先进做法,使沂涛在全国出了名。

从20世纪50年代起,宿迁人饿着肚子,旱改水,探索着实现千年耕作制度的变革,让宿迁这个"洪水走廊"变成鱼米之乡。

由于黄河夺泗夺淮,宿迁地区从明代中期起,就成为河湖不分、汪洋恣肆的"洪水走廊"。1949年冬至1950年春的"导沂整沭",初步控制了洪水,但涝、旱、碱"三害"依旧。再也不能这样继续下去了。怎样实行洪、涝、旱、碱兼治? 要不要变革以旱谷为主的耕作制度? 人们在苦苦探索。宿迁人走在探索"旱改水"之路的前头。

1957年大洪水之后,宿迁县委与江苏省水利厅同时提出了建设骆马湖常年拦洪蓄水库的报告,并提出率先在苏北大面积实行"旱改水"。县委还提出了改变贫穷落后面貌的战略目标:"玻璃城,水稻县,苹果黄河葡萄山。"

1958年,在"大跃进"的滚滚热浪中,骆马湖常年拦洪蓄水库建成,宿迁县

"河网化"方案随即出台。11月26日,县委发出《关于迅速掀起一个规模壮阔的冬季水利运动的动员令》,号召全县人民"以淮海战役歼灭蒋匪帮的声势,向大地猛攻,苦干100天,实现'河网化'!"全县22万民工迅速出动,来到干渠、支渠、截水河、排涝河和防洪大堤上,来到农渠、毛渠和大中小沟的民工近20万人,全县66.5万人口,除了老人和幼儿,没有不上工的。

为了"旱改水、吃米饭",许多工地上,都是白天黑夜连轴转,一连几个月不回家。民工口粮主要是鲜山芋、山芋干、胡萝卜。1959年春,连这些也吃不饱了,就掺上干山芋叶、干萝卜缨填肚子。豪迈乃至悲壮的口号一个连一个提出来了:"月亮当太阳,工地当战场,大家加油干,卫星飞上天!""眼熬烂,腿跑断,连轴转,活着干,死了算!"

"玻璃城,水稻县,苹果黄河葡萄山"的战略目标被具体化了、形象化了。家喻户晓,人人皆知。祖祖辈辈吃苦受穷的宿迁人,现在终于有盼头了,好日子就在眼前了!

1958年冬至1959年春,宿迁县创造了3.33万公顷(50万亩)大灌区初步实现"河网化"的惊人成绩。仅干、支、斗、农渠和截水河、排涝河,就完成了3600万土方,新开的渠道、河道,总长1000多公里,农渠以上的桥梁、涵闸等建筑物3000多座。通向每个田块的毛渠,土方不计其数,长度量不胜量。

到了20世纪70年代前,宿迁运河以东地区的灌排问题基本解决,水稻种植已经有了一定规模,但对全县近百万亩可以"改水"的土地来说,还显得远远不够。进入70年代,宿迁水利建设的重点转向运河以西地区,提出了建设"淮北大寨县"的目标,全面掀起了"旱改水"热潮。

1967年所谓的"文化大革命"轰轰烈烈,这是一个以"阶级斗争为纲"的极"左"年代。毛泽东提出"农业学大寨",虽然树的是一个"无产阶级专政下继续革命"的典型,主要经验是"大批资本主义",但毕竟还要"大干社会主义",要"誓把山河重安排",这就为推进"河网化"、"旱改水"提供了"革命"的意识形态包装。而且农村是集体经济,农民没有"铁饭碗",农业又具有很强的季节性,不可能"停产闹革命",所以,在"天下大乱"中,"河网化"、"旱改水"仍得以坚持。

从 1969 年到 1976 年,宿迁县大干"河网化",一口气干了 8 年。每年出动劳力 30 多万人,占总人口的 40%以上。

口粮不够吃,家家喝稀饭,河工离家近的,上工拎着稀饭罐;河工离家远的,工棚里熬的也是大锅稀饭。踏着寒霜上工,披着星星下工。他们只有一个念头:今天喝稀饭,为了明天大米饭;今天拼命挖土方,为了明天少挖土方、不挖土方。

1975 年,宿迁县粮食总产达到近 3.52 亿公斤,平均亩产基本达到《纲要》规定的长江以南 400 公斤的指标,成为全国第一批"农业学大寨"先进县,被誉为"淮北江南"。至此,宿迁全面实现了"旱改水"。水稻栽插面积扩大到 4.67 万公顷,高峰期有 5.33 万公顷。加之实施苕子绿肥工程,到 1973 年,全县粮食产量四年连跨四大步。从 1971 年的 20 万吨,扩大到 1973 年的 30 万吨。从 1971 年起,宿迁一跃成为淮阴地区重要的商品粮基地之一,一举甩掉了吃国家返销粮的帽子。1975 年,宿迁跨入全国农业学大寨先进县行列。到了 1976 年,全县水稻栽插面积达 5.72 万公顷,粮食总产达 33.7 万吨,是 1949 年粮食总产的 4 倍。到了 20 世纪八九十年代,宿迁地区粮食产量一直稳定在 55 万吨至 60 万吨。宿迁人民"誓把宿迁变为鱼米之乡"、"淮北变江南"的美好理想,终于变成现实。

改革开放初期,泗洪上塘首开江苏农村"大包干"的先河。

宿迁泗洪县上塘镇,地处苏、皖"两省三县"交界,因经济落后、交通闭塞而被称为江苏省的"西伯利亚",是有名的穷困乡镇。"黄黏土、水不淌,十家九户都缺粮;破草屋、漏风墙,扯把稻草就当床。"这首曾广为流传的顺口溜,就是当年上塘的真实写照。

1978 年,上塘公社垫湖大队第五生产队的 30 多户农民"私下"将集体的 17.3 公顷多土地包产到户,1978 年 9 月 8 日,上塘公社党委毅然决定,在当时中央文件还不许可的情况下,在全公社三级干部大会上号召广大党员干部率领 3.6 万农民破体制、分田地、搞改革,开了当代中国农村以公社为单位公开、全面推行"联产承包制"的先河,比现在公认的中国"最早实行大包干"的安徽凤阳县小岗村联产承包改革还早 90 天,比党的十一届三中全会召开早 101

天。首开江苏农村实行"大包干"的先河。

上塘垫湖大队第五生产队,名叫小苏庄。1978 年春,小苏庄与全公社其他村一样遭受旱灾,家家靠救济粮度日。当年秋,公社党委书记张世民来到小苏庄搞试产,当时山芋一亩仅收 250 公斤。中午,张世民在垫湖大队会计苏道永家吃饭,粗茶淡饭,两人促膝交谈。从小生长在小苏庄的苏道永见村民年复一年地受穷受困,直言不讳地说:"张书记,今年咱村无吃无烧无牛草,看样子明年生产又成大问题。我建议把土地承包一部分给社员,明年保准出产量。"张世民担心地说:"那不是搞资本主义吗?"苏道永心里也明白,作为公社书记不可能坦率地拍胸脯表态,因为在那"阶级斗争为纲"的年代里,谁敢破坏集体化道路呢?那有撤职甚至坐牢的危险呀。不久,在全县大队会计会议上,苏道永在讨论时又提出了搞定产定额承包的设想,然而得到的回答只能是否定的。

从县里开会回来,苏道永与生产队长任孝干商量后立即召开了队委会,拿出了 1979 年小苏庄定产定额方案——三个五定额,这便是:全队 173 口人,每人分 0.1 公顷承包田,分别经营 0.03 公顷山芋、0.03 公顷花生、0.03 公顷玉米。到收获季节,每人上交玉米 75 公斤、山芋干 75 公斤、花生 7.5 公斤给集体统筹分配,多余的归承包者自己所有。苏道永知道这样做风险有多大,但为了改变全队贫穷的面貌,他豁出去了。这期间,公社党委心中有数,不予肯定,也不予干涉。群众的潜力得到了挖掘,小苏庄迎来了定产定额后的第一个丰收年。当年全队粮食总产 7.65 万公斤,经济收入 2.41 万元,人均纯收入 52.60 元,结束了 20 多年吃救济粮的历史。不仅没要国家 1 万多公斤返销粮,反而向国家出售余粮 1.1 万公斤。开门见喜,一花报春,小苏庄迈出了农村经济改革的第一步。

1978 年 12 月中共中央召开的十一届三中全会,通过了《关于加快农业发展若干问题的决议(草案)》,放宽了农业政策,但仍然明文规定"不许包产到户"。这就意味着,分田到户在当时依然是禁区。

1979 年春耕时节,上塘谷墩、立新大队的几个生产队也实行了"大包干",把所有土地分到人头,产量定额也包到人头。6 月,麦收刚刚结束,上塘公社召开了三级干部会议。张世民书记在会上宣传了小苏庄"三个五定额"的好处,第一次明确要求各生产队可以试试看。恰巧,泗洪县委主要领导人赶到会场,当场给予制止,并召开公社党委书记会议和全县三级干部会议,要求立即刹住这股"风"。同时,县委抽调40人的调查组到上塘,以便研究出解决上塘问题的具体方案。

1979年秋,调查组要求所有党员干部严格执行县委决议,把分出的土地收回来。他们分别找各大队、生产队干群谈话。干群坚定地回答:"不管上面怎么说,我们再也不愿捆在一起受穷了!"省调查组也来到了上塘。省调查组负责人单刀直入地问苏道永:"分田包产,这是搞资本主义呀!"苏道永回答不卑不亢:"我们是搞定额生产,不是搞资本主义。"一句话无懈可击。1979年10月,江苏省委《群众》杂志发表了一篇探讨性的文章,对苏北小苏庄的大胆改革进行了评论,并比较明确地承认了"小苏庄之路"。但这个评论没有来得及产生社会效应,便被压置一旁。

1980年秋,上塘全部实行联产承包责任制。1981年2月,人民日报社记者王孔诚与周昭生来到上塘采访,他们联名采写的通讯《春到上塘》发表于3月4日的《人民日报》。一时间,上塘农村经济体制改革震动了江苏全省,上塘人的改革经验传向全国。5月,江苏省委主要负责人来到上塘,走访和听取了关于实行联产责任制汇报后,充分肯定了包产到户也属于社会主义性质,并号召全省向上塘学习。同年秋天,上塘产粮1350万公斤,向国家出售余粮200多万公斤,出售花生450万公斤。实行承产承包给上塘人带来了红红火火的"春天",此后泗洪县全部实行了联产承包责任制。

1982年秋,中央电视台录制并播放了纪录片《春到上塘》,上塘人的形象连同他们实行农村经济体制改革的经验,通过电视屏幕走向江苏、走向全国、走向五大洲。2008年6月,在上塘垫湖村建起了"春到上塘"纪念馆。

"春到上塘",让上塘人解决了温饱问题,因此赢得了"江苏农村改革第一村"、"中国大包干发源地"的美誉。在新一轮的经济改革的大潮中,上塘人认识到:30多年前为温饱分产到户,30年多后,为求发展而再创新路。上塘人又大力弘扬"敢试敢闯,敢为人先"的"大包干"精神和"勇于负责、甘于奉献、善于落实"的新时期上塘精神,努力创造上塘经济改革第二春。2012 年 4 月 6 日至 10 日,江苏省委书记罗志军专程来到上塘镇垫湖村驻点调研时说:"30 多年前分田到户,为的是解决温饱的问题。现在我们把土地集中起来,是为了解决发展的问题。过去的'分'和现在的'合',都是改革发展的产物。在新的发展阶段,我们要继续坚持改革方向,加快推进农业现代化。我们要大力弘扬当年'春到上塘'的敢想敢干精神,奋力创造'第二春'。"

20 世纪 80 年代,宿迁耿车镇发展工副业,"四轮驱动、双轨运行","大的集中上水平,小的分散进家庭,大轮带着小轮飞,小轮推着大轮转",被著名的社会学家费孝通称为"耿车模式"。这是耿车人首创的经济不发达生产力比较落后的农业地区发展起来的乡镇企业的模式,它与"温州模式"、"泉州模式"、"苏南模式"并称中国区域经济发展的样板。

耿车地处宿迁市区西部的黄河故道,素有"宿迁西大门"之称,全镇总面积 35.01 平方公里,辖 2 个居委会和 7 个村委会,总人口 3.5 万人,耕地仅 533 公顷,而且土质很差。当地流传一首民谣:"春天白茫茫(盐碱地),夏天水汪汪(水灾重),糠菜半年粮,到处去逃荒。"耿车过去是宿迁有名的贫困乡,有一个被称为"314"的生产队年亩产粮食仅为 31.4 公斤。直到党的十一届三中全会以后,耿车人的温饱问题才得以解决,这是 20 世纪 80 年代耿车模式的形成背景。

这里相对低的生产力发展水平,不但表现在区域工业生产不发达,还表现在区域工业结构的轻型化,能提供技术装备的机械工业力量十分薄弱,缺乏发展现代乡镇工业所需的必要的资金、技术和人才,原有的集体经济薄弱,集体资金不足,区域中心城市经济技术辐射弱。因此,只有依靠自己土法上马,循序渐进地发展。耿车人博采苏南、温州之长,一方面,从起点较低的家庭经营开始,发动家家户户办企业,为乡镇企业的大发展积累资金;另一方面,在现有集体经济的基础上,创办较高水平的乡村两级骨干企业,以带动全乡乡镇企业的发展。耿车人探索出了一条在不发达农业地区发展乡镇企业的路子。

从 1984 年起,全民创业热潮兴起,耿车企业数量和产值节节攀升,由星火发展成燎原之势。1984 年耿车乡村办企业 26 个,户办、联户办企业 2548 个,到 1986 年已分别达到 59 个、4567 个,企业产值也由 1984 年的 2111 万元上升到 1986 年的 4691 万元。1986 年,耿车形成了以"四轮驱动,双轨并进"为特色的发展模式,即在乡、村、户、联户的四个层次上办企业,在镇、村集体所有制与双层经营的家庭和联户所有制的双轨上运转。

耿车这种创新经济发展的做法,被当时从北京返回途中顺便来耿车、时任淮阴市政府秘书长李阳知晓了。李阳对耿车发展经济的做法给予了极大的关注,并产生浓厚的兴趣。有一次李阳赴京,有机会和著名经济学家费孝通进行了沟通。费孝通对耿车发展经济的做法非常感兴趣,并先后几次来耿车调研。1985 年,费孝通来到宿迁,对耿车的做法给予充分肯定。1986 年费老再次来到耿车调研,他把耿车的做法和当时的"苏南模式"、"温州模式"做了对比,认为这是苏北加快发展的有效途径,鼓励大家要"把农民的商品意识培养起来,引导农民进入商品经济大潮"。他在宿迁调研后总结了"耿车模式",认为这是一条有利于提高农民收入,采取简单加工的方式来发展家庭工副业的路子。他还对"耿车模式"的创新提出了四点建议:一是要有现代技术;二是能人多一些;三是建设商品市场;四是对外开放。费老回京后,立即把"耿车模式"向《人民日报》和中央电视台做了推介。

1986 年 5 月 16 日,《人民日报》刊发了李阳的长篇通讯《耿车模式诞生记》,同时配发了短评《好一个"耿车模式"》。李阳在通讯中描述耿车发展经济的做法是"四轮驱动、双轨运行"。就是乡办、村办、联户办、户办四个轮子一起转,集体经济和个体私营经济协调发展。怎样协调发展?做法是"大的集中上水平,小的分散进家庭,大轮带着小轮飞,小轮推着大轮转"。

此后,"耿车模式"响彻八方。1986 年 9 月 20 日,耿车人受邀进京参加"全国小地区发展战略研讨会",24 日,"耿车模式"报告会在京举行,中顾委委员、著名经济学家于光远特地参加讨论会,并做了重要指示。9 月 26 日,著名社会学家、经济学家费孝通邀请耿车代表团到他家里会面,讨论关于"耿车模式"如何进一步发展的问题。讨论后,费老高兴挥笔,欣然题字:"大胆探索,因地制宜,为乡镇企业创造新的模式"。

　　二十多年过去了,随着市场竞争日趋激烈,耿车模式不断创新。到了2012年,耿车已成为华东地区最大的再生资源加工集散地。废旧塑料年交易量150余万吨,成交额达30亿元,利税4.5亿元。2012年9月,宿迁市委书记蓝绍敏在耿车调研,他深知:耿车是一个"多面体",这里既是塑料加工业的受益地,也是受害地;因为任何一种发展模式,最终目的是解决和群众切身利益相关的问题,让群众共享改革发展成果。"耿车模式"已走进了一个"死胡同",到了不改变不行、不转型不行、不提升不行的地步,必须通过一次凤凰涅槃式的深刻变革,才能有发展、有出路、有未来。他指出:重振"耿车模式"雄风,突出载体建设,打造国内一流的循环经济产业园。突出转型升级,不断提升耿车产业发展水平;突出市场推动,以市场大建设带动产业大发展;突出环境改善,努力建设美好家园。促进耿车科学发展,让"耿车模式"在新的时期焕发出新的生机与活力。向人们展示文明的耿车、开放的耿车、发展的耿车。

　　1996年7月,宿迁市经国务院批准建立地级市,从此宿迁掀开了历史的新一页,开启了宿迁发展的新纪元。新时期的宿迁人谱写了与时俱进的新篇章,铸就了宿迁今天的新业绩。

　　新建的宿迁地级市,首先是干部人事制度改革经验在全国推广。1996年9月,市委书记徐守盛到任不足百天,就收到一封署名"老干部"的来信。信上说:宿迁是新建的地级市,需要提拔任用一大批干部。估计你会收到不少好处。如果收到,请把它捐给敬老院……

　　看到群众对干部选拔任用工作的不信任,看着百业待兴的新宿迁,徐守盛深思起来。宿迁是经济欠发达地区,要发展,关键得用好人。眼下,最缺的就是得力的干部。从四面八方调来的宿迁市领导,对当地干部的了解多限于档案材料或内部推荐,而紧迫的发展现实不允许慢慢地了解、慢慢地选用干部。如何用准、用好干部?成为摆在市委领导面前的大事。

　　"对宿迁的干部,宿迁人民最了解。干部的好坏优劣,群众最有发言权。"市委经反复研究,决定改革干部人事制度,按照"任人唯贤、群众公认、注重实绩"的三项原则,实行干部任前公示制,把拟提拔干部的名单通过文件、新闻媒体向社会公布,把干部的升降去留交给群众评说,争取最大限度地避免和减少用人失察,防止和纠正干部任用上的不正之风。1997年8月,宿迁首先在沭阳尝试进行干部任前公示制度。干部选拔制度不公开、不民主,长期以来只由少数人选人、一把手说了算,结果导致跑官要官、买官卖官现象屡禁不止,干部提拔成为滋生腐败的土壤。在当时,干部任用完全是封闭式运作,程序也比较简单,主要是提名、考察、研究、任命这四个环节。显然,前三个环节要公开操作起来很难,而任命这个环节公开,公开到什么程度? 在多大范围内公开? 这着实困难,好多干部很难理解。多年来,干部任用工作一直强调保密纪律,这一公开,岂不"天下大乱"? 对群众反映的问题,谁去调查核实? 如果有几个公开后通不过,群众会不会责备组织部门考察不严? 这些问题很现实,也不无道理。市委经过研究,决定实行公示制。沭阳县《关于公示拟提拔干部名单的通知》很快下发到各乡镇、各部门。这样,全国第一个"干部任前公示制"应运而生。1998年4月,在总结沭阳经验的基础上,宿迁市委制定下发了《关于建立领导干部选拔任用公示制度的意见(试行)》,要求市委管理的县处级干部,各县、区和直属部门管理的科级干部,凡涉及提拔任用及岗位职务变动的,一律实行公示。

任前公示,不仅增加了干部任用的公开性和透明度,更重要的是在干部升迁的入口处加了一道防线。干部选拔制度的改革,使跑官、要官的人没了"方向",说情的望而却步,上来的、下去的大多心服口服。宿迁市的干部都明白了,当干部凭干不凭跑,既要对上负责,更要对下负责。假如"只怕上级不注意,不怕群众不满意",就会翻船。任前公示制把选拔任用干部的监督权交给群众,也把干部推向群众的怀抱。这样做后,机关作风发生了变化,干群关系比以前融洽了。

改革干部制度,仅有任前公示制是不够的,还需要相关制度配套。经过探索,宿迁出台了干部公开选拔制、科级干部竞争上岗制、失察追究制、警告诫勉制、引咎辞职制,增强了系统性和科学性。一石激起千层浪。任前公示在宿迁引发连锁反应,被广泛应用到各个领域。比如,政府采购、教师职称评定、扶贫资金发放、计划生育政策、服兵役、县乡主要领导人工作业绩、一些乡镇选拔村民组长等,都开始引入了公示制。

不久后,江苏省委在对该项制度进行总结和规范的基础上,制定了《江苏省领导干部任前公示制暂行规定》,在全省普遍推广了这项干部制度,1999年1月,中组部派员到宿迁进行专题调研。2000年12月,中组部制定下发了《关于推行党政领导干部任前公示制的意见》,除了对公示对象、公示范围、公示内容、公示方式、公示时间和公示程序做出明确规定外,还对如何做好群众反映意见的调查处理工作提出具体要求。在全国范围内推行这项制度,显现了选人用人阳光工程的鲜明特色。2002年7月,中共中央下发了《党政领导干部选拔任用工作条例》,明确规定"实行党政领导干部任职前公示制度"。中组部制定下发了《关于推行党政领导干部任前公示制的意见》。胡锦涛总书记高度赞誉领导干部任前公示制,在全国省区市党委组织部长会议上指出:深化干部人事制度改革,是加强领导班子建设和干部队伍建设的一项治本之策。试行领导干部任前公示制是干部人事制度改革的一项重要举措。

敢为天下先,是宿迁人的精神风貌的核心,是西楚文化的传承与实践长期凝练的结晶。1927年创建中共支部,星火燎原;1940年,先后创立淮海、淮北抗日根据地,贡献卓越。1946年,宿北大捷,扭转战局,是淮海战役胜利的先声;沂涛规划,推广天下……不管是千年水患中,宿迁人无畏无惧的坚守和开拓;还是新中国初定,宿迁人饿着肚子"旱改水",探索千年耕作制度的变革;也不管是改革开放之初,上塘早春,创社会主义之新;还是耿车模式,首开乡镇企业改革之先河,以及新时期宿迁为全国创立干部公示制。从历史深处到现实世界,千百年中西楚文化敢为天下先的精神,在宿迁大地生生不息、薪火相传。

第三节　一方水土一方人
——西楚文化对宿迁城市文化品格塑造的影响

西楚文化是现代宿迁的精神的源头,宿迁城市因西楚文化的传承而深沉厚重,因西楚文化的影响而不断地提升着城市的文化品格,西楚文化推动着宿迁城市文明的进程和发展的脚步。宿迁是历史悠久而又年轻的城市。说其历史悠久,它是世界生物进化中心之一。境内发现的长臂猿化石是亚洲迄今发现最早的古猿化石,距今 1800 万年;5 万年前的"下草湾人"是目前江苏发现的最早的人类;8000 多年前的顺山集文化遗址,出土的天下第一的环壕聚落,中华第一灶以及驯化稻,见证着淮河中下游的灿烂文明,将江苏文明史至少推前了 1600 多年。说其年轻,它是 1996 年 7 月经国务院批准新设立的地级市,总面积 8555 平方公里、人口 546 万,现辖沭阳县、泗阳县、泗洪县、宿豫区和宿城区,是江苏省第 13 个省辖市。

对于年轻的地级市宿迁来说,文化的传承、培育和发展是一个渐进的过程,西楚文化精神是宿迁城市文化的根基所在,宿迁城市文化发展的核心是打造能代表宿迁特色,又能激励市民心智,具有悠久历史和独特魅力的西楚文化体系。确立西楚文化作为宿迁城市文化的名片,围绕西楚文化塑造宿迁城市文化品格,是宿迁城市文化建设的重要内容。

宿迁 1996 年 7 月建地级市时,宿迁农业、农村、农民比重很大,工业化、城市化、市场化比例很低,经济社会发展零基础,中心城市建设零起步,基础设施建设零起点。在立市的喜悦中,虽然面临的是一穷二白、捉襟见肘,但是"筚路蓝缕,以启山林"的楚人精神,使得宿迁人负重拼搏,锐意进取,大家在艰苦奋斗中"成家立业"。宿迁没有走急功近利、杀鸡取卵的"捷径",而是"风物长宜放眼量",致力于打造"生态宿迁,绿色家园"的城市品牌,走一条经济繁荣、生态良好、人民幸福的特色宿迁之路。

在西楚文化的影响下,富有特色的"生态文明"执政理念在一脉相承中逐渐坚定和清晰起来。不管经济和社会发展的压力有多大,宿迁人都保持着清醒的共识:生态环境是宿迁最大的优势,最亮的金字招牌。良好的生态环境应是发展经济的前提条件和基础平台,而不是振兴的后续产品和发展的额外点缀,绝不能走"先破坏、再补救;先污染、再治理"的弯路。

"三农"比重大,工业基础薄弱,宿迁经济发展落后,只有未被污染的生态环境,这既是宿迁的短处,也是宿迁一笔可贵的财富——经历着黄色文明(农业文明)、黑色文明(工业文明)之后,人类对未来社会的新追求将是绿色文明(生态文明)。

图 4-2 宿迁多次举办"西楚文化节"

建市之初,宿迁就提出"生态宿迁"的建设思路。确立"强农富民"、"基础先行"、"科教兴市"等五大发展战略,拒绝污染,绝不"一地致富,八方遭殃",绝不"吃祖宗饭,砸子孙碗"。宿迁人响亮地提出:"在保护中开发,在开发中保护","不求最大,但求最佳";"不比高楼大厦,但比绿化美化"——注入生态元素的新宿迁城市发展策略,引领宿迁走上一条人与自然、经济与生态和谐发展的道路。

宿迁是西楚霸王项羽的故乡,也是中国设立最早的 72 个县级城市之一。从秦代设下相县开始,2000 多年来,积淀生成了厚重独特的城市文化。1996年设立地级宿迁市以后,宿迁城市文化更是与时俱进,得到进一步提升、发展和弘扬。2006 年,宿迁在十年生态保护历程基础上提炼出并浓缩成了"生态为归宿、创业求变迁"的城市精神。将生态的渴求融入一座城市的发展命脉。生态就是资本,文明就是财富。宿迁在实现崛起的过程中,将优美的生态打造成宿迁独具魅力的对外形象和金字招牌。宿迁重视生态建设,大力植树造林以保护环境。目前,宿迁全市森林覆盖率达 24.9%,宿迁的城市绿地面积1100 公顷,绿地率 37.31%,林木覆盖率 28.2%,碳汇水平(固碳能力)全省第一;中心城市绿化覆盖率41.2%以上,人均公共绿地11.32平方米。宿迁是著名的"杨树之乡",从2001年开始,年年都是"杨树产业年",全民动手、全员参与,全市每年植树都在3000万株以上,种植杨树达到2亿株。目前全市拥有杨树成片林12.9万公顷,农田林网41.3万公顷,活立木蓄积量1200万立方米。花卉苗木面积2.67万公顷,位居全省第一位,被誉为"华东的一片净土,江苏的一座氧吧"。由于宿迁致力于生态保护,宿迁的空气质量华东最佳,PM 2.5数值江苏最低,是全省唯一没有酸雨的城市,以两河(大运河、古黄河)、两湖(洪泽湖、骆马湖)为主的2300多平方公里水面,水清鱼美。漫步宿迁,到处是郁郁葱葱的树木,到处是生机盎然鸟语花香。2005年8月,宿迁步入"江苏省园林城市"行列。2010年2月,宿迁获得"国家园林城市"称号。市政府被授予"全国国土绿化突出贡献单位"荣誉称号,全省13个地级市仅宿迁与南京获此殊荣。宿迁还先后获得联合国环保节能新型示范城市、中国优秀旅游城市等称号。

图4-3 宿迁市绿化

"生态为归宿"是宿迁城市所追求的一种境界,是城市特色的鲜明体现。建设生态宿迁,是全体宿迁人所追求的一种境界,是由西楚文化影响而形成的。宿迁城市精神的确立,正是对得天独厚的自然生态条件以及源远流长的地域文化传统的高度提纯。

生态带给宿迁的还远不止清新的环境,更有发展的优势、机遇和潜力。2005—2007年,宿迁连续三年荣膺"中国浙商最佳投资城市"称号。"中国浙商最佳投资城市"是对在浙商经营投资活动中享有较好声誉城市的一次盘点,宿迁能够三次获得这个由广大浙商票决产生的奖项,证明了宿迁的招商引资实绩,也说明了广大浙商对宿迁的认同和认可。浙江是中国民营经济最为发达的地区之一,而浙商则是中国民营经济最为活跃的分子。宿迁之所以能够连续三年获得奖项,主要还是由于宿迁人以招商引资的实绩获得了广大浙商对宿迁的认同和认可。目前在宿迁的浙商总数已达3万多人,其中常年在宿迁生活的浙商1万多人,宿迁市浙江总商会成为江苏省内会员人数增长最快的浙江商会。截至2013年年底,落户宿迁的浙商各类投资项目超过1500个,投资总额达600多亿元,涵盖一、二、三产业的各个行业,涉及纺织服装、机械电子、轻工食品、新型建材、生物化工以及商贸流通、房地产开发等10多个领域。杭州娃哈哈集团自2005年落户宿迁以来,从当初的两条生产线发展到如今的投资8亿元、拥有8条生产线,每亩投资强度已经达到270万元。项目全部建成后,将实现年产值10亿元,年纳税额突破1亿元,宿迁娃哈哈企业将成为除杭州总部以外的全国最大的娃哈哈生产基地。占地面积81.1公顷、总建筑面积146万平方米的宿迁义乌国际商贸城一期46万平方米的主市场全面投入运营,已有5000余间商铺正常经营,成为淮海经济区辐射能力最强的市场之一。

在宿客商评价宿迁的投资环境"四好、四高":生态环境好,幸福指数高;创业环境好,信心指数高;政治环境好,健康指数高;治安环境好,安全指数高。

优良的生态环境,加之不断提升的软环境,成为宿迁招商引资的强大优势,到宿迁投资能赚钱,到宿迁办厂还能益寿延年,"生态环境的聚商引力"将

图4-4 宿迁市绿化夜景

有创业梦想的企业家集聚而来,给宿迁人带来更多就业的机会,加速了宿迁的崛起。

"创业求变迁"是宿迁追求更大突破的必由之路。敢为人先,创业的冲动来自于强烈的文化创业意识,创业意识是创业实践的原动力。广大的创业者们正是在创业意识的驱动下,调动一切潜在的能力,焕发旺盛的生命活力,通过不懈的筹划和操劳,去开拓生存的发展空间,去展示生命的价值。但是,创业意识并不是自然地产生的,创业意识来自于一种理念。理念体现为人的认识倾向和行为导向,是一种深层次的心理文化要素。有人曾问,宿迁人创业奇迹的"根"究竟在哪里?其实,根就在于传统的西楚文化精神,就在于项羽的举义江东、敢为人先的创新精神,破釜沉舟、义无反顾的无畏精神。在改革开放、科学发展的今天,这种精神尤为重要。事业的发展需要有大刀阔斧、敢为人先的创新的志气,需要有破釜沉舟的锐气,需要有义无反顾、无怨无悔的勇气,需要有真抓实干、敢于碰硬的胆气,这些精神气就是今天宿迁人的宝贵财富。"求人不如求己",宿迁人不等不靠、自觉创业、自主创业的理念越来越清晰,越来越浓重。自主创业的理念会激发出一股创业的激情,而创业的激情往往又是创业者获得成功的最重要的因素。

　　宿迁发展的另一成功经验是使更多劳动者成为创业者,让创业成果惠及广大人民群众。近年来,宿迁深入开展以激活内生动力为目标,以实现"四个转变"为特征,以"百姓创家业、能人创企业、干部创事业"为主要内容的创业文化建设,精心组织了创业文化节、创业指导服务周、全民创业培训月等活动,大力推进创业富民工程。全市上下的创业激情充分迸发,创业潜能全面释放,创业实践如火如荼。如今,创业文化已成为助推宿迁实现更大突破的主流文化、先进文化。

　　数据显示,从 1996 年到 2011 年,宿迁地区生产总值增长 10.5 倍,财政总收入增长 35.9 倍,公共财政预算收入增长 35.4 倍,城镇居民人均可支配收入、农民人均纯收入分别增长 5.1 和 4.2 倍,全面小康建设 25 项指标中有 17 项指标提前达标,5 项达到序时进度。宿迁财政一般预算收入、规模以上工业增加值、固定资产投资等主要经济指标增速已连续多年位居全省前列。

　　2011 年,面对宏观经济形势趋紧、资源要素短缺等带来的严峻挑战,宿迁全市上下深入贯彻科学发展观,认真落实中央和省委、省政府各项决策部署,紧紧围绕"推进更大突破、实现全面小康"的奋斗目标,卓有成效地推进工作,经济社会发展取得了显著成绩。全年实现地区生产总值 1304.81 亿元,同比增长 12.8%;财政总收入 276.2 亿元,增长 34.3%;一般预算收入突破百亿元,达到 121 亿元,增长 35.1%;社会消费品零售总额 336.26 亿元,增长 17.3%;进出口总额 20.7 亿美元,增长 69.7%;城镇居民人均可支配收入和农民人均纯收入分别达到 14972 元、8344 元,分别增长 17.4%和 19.6%;财政一般预算收入、固定资产投资、规模以上工业增加值、进出口总额、城乡居民收入等主要经济指标增幅继续位居全省前列。

　　2012 年,全面实施产业强市、城乡统筹、外向带动、创业富民、科教优先、生态立市"六大战略",大力推进新型工业化、新型城镇化、农业现代化、民生改善常态化、社会管理科学化、文化建设特色化、改革创新制度化"七化进程",努力把宿迁建设成为长三角地区重要的新兴工商业城市、现代滨水城市、生态宜居城市和创新创业城市。2012 年,全市实现地区生产总值 1516.77 亿元,按可比价计算,比上年增长 13.0%,比全省增速快 2.9 个百分点,比上年提高 0.2 个百分点。其中,一产实现 228.71 亿元,增长 4.3%;二产实现 713.18 亿元,增长 16.9%;三产实现 574.88 亿元,增长 12.0%。三次产业结构调整为 15.1:47.0:37.9。一产比重较上年下降 0.8 个百分点,二、三产业比重分别较上年提升 0.5 个和 0.3 个百分点。全市人均地区生产总值达到 31717 元,按可比价计算,比上年增长 12.1%。按年平均汇率计算,突破 5000 美元大关,达 5024 美元。

宿迁市主要经济指标增速领先全省,规模以上工业增加值、固定资产投资、公共财政预算收入、实际到账外资、金融机构存款和贷款余额、城镇居民人均可支配收入、农民人均纯收入等 8 项指标增速居全省首位。固定资产投资和金融机构人民币贷款余额双双突破千亿元大关,规模以上工业企业突破 2000 户,主营业务收入突破 2000 亿元,财政总收入突破 300 亿元,出口突破 20 亿美元,城镇居民人均可支配收入首次达到省定全面小康标准。招商引资成效显著。2012 年,全市引进亿元以上合同项目 413 个,亿元以上新开工项目 206 个,亿元以上竣工项目 134 个,竣工项目完成固定资产投资 501.2 亿元,有力地促进了全市经济又好又快发展。

2013 年,实现地区生产总值 1706.28 亿元,比上年增长 12.5%。其中一产实现增加值 235 亿元,增长 3.0%;二产实现增加值 815.61 亿元,增长 14.9%;三产实现增加值 655.67 亿元,增长 13.0%。全市人均 GDP 达 35484 元,折合 5730 美元,比上年增长 11.9%。14 项经济指标增速位居全省前三,其中地区生产总值、规模以上工业增加值、固定资产投资、社会消费品零售总额、进出口总额和出口总额、金融机构人民币存款余额和贷款余额、城镇居民人均可支配收入和农民人均纯收入等 10 项指标增速位居全省首位。招商引资成果显著,全年共签订亿元合同项目 355 个,实现亿元开工项目 244 个,完成亿元竣工项目 177 个,竣工项目完成固定资产投资 611.7 亿元,有力促进了全市经济的跨越发展。

地级宿迁市成立后,经济社会快速发展,经济总量、财政收入以及居民生活水平一路攀升,由建市之初在全国 330 多个地级市中排名垫底,目前已追赶至中上游水平。2013 年,宿迁市经济总量在全国排名第 91 位,财政一般预算收入排名第 60 位。2013 年 3 月 8 日上午,中共中央总书记、中共中央军委主席习近平参加第十二届全国人大一次会议江苏代表团会议,在听了宿迁的汇报后,三次夸赞宿迁,认为宿迁干群精神状态佳、发展速度快、生态环境好。习近平指出:"江苏干群在成绩面前不自满,对在新的起点上继续奋勇争先有充分的思想准备和全面的工作谋划。我们就是要有这样清醒的头脑、这样扎实的作风、这样高昂的干劲,宿迁把它叫作精气神。"他特别表扬了宿迁:"宿迁 2008 年到现在提升了 15 个百分点,平均每年提高近 4 个百分点!"并对宿迁的生态非常满意:"宿迁很骄傲地讲,可以做深呼吸。"

第五章 文化滋养创业城

深受西楚文化浸染和影响的宿迁人，长期以来形成了吃苦耐劳、坚毅刚强、大气豪爽、深明大义、质朴热情的优秀文化传统。然而，由于独特的自然环境、生产生活方式、历史传承等因素，宿迁也缺乏浓厚的创业文化氛围，求稳怕冒、重义轻利、恋土守家、恋官迷权、坐等靠要，这些落后观念一度成为束缚人们告别贫穷、发展致富的无形枷锁，严重制约了经济社会的快速发展。从2006年开始，地级宿迁市成立10年以后，开始进入到兴市、强市的发展阶段。为了适应新阶段的新形势和新任务，宿迁从地域的西楚文化中汲取力量，在充分挖掘提炼本土优秀传统文化和人文精神的基础上，扬优弃劣、兼收并蓄、融合创新，响亮提出要培育新时期具有鲜明宿迁特点的创业文化，持续推动以"百姓创家业、能人创企业、干部创事业"为主要内容的创业文化建设。历经多年的探索实践，宿迁全民创业的氛围日益浓厚，活力竞相迸发，成果大量涌现，逐步形成具有鲜明宿迁特色、多样活动载体、高效服务手段和丰富文化内涵的创业文化体系。现在，创业文化已经成为宿迁的主流文化、宿迁人的文化"基因"，创业文化对提升宿迁形象、彰显城市精神、加快富民进程、推动经济社会跨越发展起到了有力的促进作用，创业文化凝聚了宿迁人的精气神。如今的宿迁，综合实力明显增强,产业结构不断优化,城乡面貌显著变化,民计民生持续改善,区域形象全面提升,宿迁像一个进入青春期的帅小伙,在经济社会发展快速崛起的道路上越走越好,宿迁在实现中国梦的宏伟目标中浓墨重彩地描绘着自己的篇章。

第一节　江山代有才人出
——西楚文化是创业文化产生的温床

西楚文化的标志人物项羽是一个千古无二的创业典型。他"起陇亩之中,三年,遂将五诸侯灭秦,分裂天下,而封王侯,政由羽出,号为'霸王',位虽不终,近古以来未尝有也"(《史记·项羽本纪》)。项羽作为一个风云人物,在历史大舞台上显露头角的时间虽然短暂,但他创就帝王之业的气魄和壮举永远激励着后人。

一、项羽创业成功的因素分析[①]

在秦末的群雄纷争中,项羽脱颖而出,24 岁成长为反秦义军叱咤风云的统帅,仅仅三年时间,推翻秦朝,威震四海,分封天下,册封十八诸侯,成为中国政治舞台上一个盖世英雄。从项羽自身方面分析,项羽成就功业主要有以下几个方面原因。

1. 有敢于代秦的大志

有志者事竟成,古今中外凡成大器者必先立其大志。项羽年轻时,跟从曾杀人的叔父项梁避仇于吴中。秦王朝之十二年,秦始皇巡游会稽,来到浙江时,项梁和项羽一起去围观,项羽望见秦始皇,就说了一句:"彼可取而代

---

① 参见袁恒《项羽创业起落的自身因素对现代创业者走向成功的启示》,《宿迁论坛》2011 年(特刊)。

也",这可吓坏了项梁,赶紧掩住项羽的嘴巴,说:"毋妄言,族矣!"项羽少具壮志,怀有意欲取代秦始皇的雄心,成为他人生成事的强大推动力。而项羽的代秦志向,是秦王朝面临崩溃,即将发生大规模农民起义时,社会心理变化的强烈反映,代秦志向从项羽身上流露出来,意味着时代做出了选择,显示出项羽将为实现这一光荣而伟大的使命奋力拼搏。正是这一志向的激励,项羽披荆斩棘,无畏向前,因此项羽27岁得天下、封诸侯是意料之中的。

2. 有敢试敢闯的勇气

勇气是一往无前的英雄气概,是顽强拼搏的献身精神。狭路相逢勇者胜,这是大家都知道的道理,但人们把道理转化为行动时,往往还需要漫长的过程。项羽在他的生涯中,屡次表现了这种优秀的品质。项羽叔侄起兵吴中,势如破竹,立怀王,分封十八路诸侯。在抗击秦军主力的交战前夕,宋义"饮酒高会","久留不行",置"国家安危"于不顾。项羽出以公心,以非凡的勇气和巨大的魄力,诛杀宋义。在关键时刻力挽狂澜,深得众将士诚服。随后,"引兵渡河,皆沉船,破釜甑,烧庐舍,持三日粮,以示士卒必死,无一还心"。在巨鹿之战中,"楚战士无不一以当十,楚兵呼声动天,诸侯军无不人人惴恐"(《史记·项羽本纪》),一举消灭秦军主力。巨鹿之战作为艰苦卓绝的"置之死地而后生"的壮举,表现了项羽勇于向前、视死如归的精神。公元前205年,刘邦乘项羽攻齐,率56万大军占领彭城,项羽以3万精兵打败刘邦收复彭城,创以少胜多的战例。项羽一生打仗百余次,专打硬仗、恶仗,每战都身先士卒,冲锋在前。他的敢试敢闯的勇气,在当时的历史背景下,自然收到气壮山河、惊天地、动鬼神之效了。

3. 有能征善战的胆识

项羽的作战能力在众诸侯中首屈一指。项氏世代为楚将,项羽的叔父项梁能力过人,项羽受到家族的影响,逐渐形成能征善战的军事才能和远超常人的卓越胆识。项羽英勇善战,积聚力量平定内乱,破釜沉舟,大战巨鹿,九战九捷,他俘王离,截甬道,诛子婴,覆灭了不可一世的秦王朝,也收服各路英雄,称霸天下,自立为王。楚汉相争,项羽以几万人马打败刘邦数十万大军,此乃中国军事史上绝无仅有的奇迹。项羽一生胜仗,特别是以少胜多的战例和硬仗、恶仗,处处体现出他的骁勇善战的胆识。项羽的英勇和胆识使当时反秦大军的各路诸侯深深敬服,以至于巨鹿之战后,诸将拜见项羽,"入辕门,无不膝行而前,莫敢仰视"。如果项羽没有气贯长虹的英雄气概和能征善战的胆识,他不可能在史书上写下浓墨重彩的华章。

4. 有抢抓先机的谋略

机不可失,失不再来。《孙子兵法》言:"先为不可胜,以待敌之可胜。"机会总是留给做好了准备的人,机会来了,不能果断地抓住,就难成大事。项羽研读兵书,当然知道《孙子兵法》中所说的兵贵神速的道理,"故兵闻拙速,未睹巧之久也","故兵胜,不贵久"。孙子所说的,用兵作战,只听说指挥虽拙但求速胜,而没有见过讲求指挥之巧而旷日持久的。历来用兵作战,先发制人贵速,项羽的用兵之道就是兵贵神速,抢先一步,观其一生基本上都是抢抓先机,奇袭突击。当苏州郡守殷尚未反应过来之时,项羽已先发制人,取下他的首级。巨鹿之战,项羽当机立断,斩杀宋义,破釜沉舟。攻打章邯,一天九冲锋,不搞长久对峙,迅速取胜。彭城之战,出其不意,攻其不备,断敌后路,并直接攻击刘邦的指挥中枢,造成刘邦联军指挥系统瘫痪,然后项羽死死咬住刘邦的主力进行攻击,不给刘邦以喘息之机,并且选择早晨,抢先发动偷袭,敌人尚在睡梦中,突然遭遇大规模偷袭,其慌乱程度可想而知! 此战仅用 3 万兵力击破刘邦 56 万大军,这确实是世界战争史上的罕见之作。

5. 有重信宽仁的情怀

千百年来项羽被人们反复吟唱、深切怀念,这除了他的英勇善战而外,还与他纯朴、真挚、重信、深情和宽仁天下、顶天立地的人格魅力密不可分。在秦亡汉兴之际,天下纷扰,乱世之秋,权谋机变百出,人心伪诈,但项羽却率性而为,坦荡磊落。无论是战场上两军的对垒冲杀,还是政治上的斗心角力,他都不失其真率,仿佛不知欺诈谋变为何物,天真得让人既叹息又喜爱。项羽身上还明显具有重情重义的一面。陈平说:"项羽为人,恭敬爱人。"高起、王陵说:"项羽仁而爱人。"韩信说:"项王见人恭敬慈爱,言语呕呕,人有疾病,涕泣分食饮。"(《史记·高祖本纪》)这些人虽然都不喜欢项羽,认为项羽嫉贤妒能,不善于用人,但他们一致认为项羽性格中有仁爱宽厚、重情重义的一面。

最能显示项羽重信重义的史实莫过于鸿门宴。在鸿门宴上,项羽本来可以轻而易举地除掉野心家刘邦,但当时受刘邦利用的项伯对项羽说:"今人有大功而击之,不义也。"为了显示自己重"义",项羽没有理会范增的暗示,以不忍之心轻纵了敌手,给自己留下了后患。兴大楚,解除天下黎民苍生,是项羽立志推翻暴秦的动力。也正是由于项羽的重信宽仁,才获得将士的拥戴,以至于他振臂一呼,将士皆能随其冲锋,以一当十,势如破竹。项羽仁爱天下,自始至终,不再让天下百姓遭受战争之苦应该说是他自刎乌江的出发点之一。

二、项羽成功给后人的启示

项羽的功德、业绩、人格等都有典型的社会意义和人生价值,其大志、勇气、胆识、谋略和情怀,造就了他前期创业的成功和辉煌。项羽前期创业的成功之道,对今天的创业者有许多可资借鉴之处。创业者学习、吸纳项羽的成功经验,充分发挥自身的能动性,就能够铸就自己的辉煌之路。

1. 要树立明确的创业志向

伟大的企业必须有伟大的梦想。梦想就是志向,志向就是目标,做人要有目标,做事、创业也同样要有目标。没有奋斗目标你怎么会想到如何去完善你自己呢? 不但不能没有志向,而且志向还不能太小。太小了,则目光短浅,难成大器。目标要远大,当然,必须是切合实际的远大,而不是遥不可及的空想。项羽的"彼可取而代也"的宏大志向,说明这个创业英雄,是把夺取天下、封侯拜相作为其奋斗愿景的。想象力造就辉煌。正因为项羽有着宏大的目标,才在中国历史上留下浓墨重彩的一页。伟大的愿景催生卓越的企业,愿景是创业者的信念灯塔。只有目光远大,才能有大手笔,才能克服事业发展的瓶颈,从小企业主变成大企业主。

2. 要具备勇于拼搏的闯劲和澎湃的创业激情

创业过程是一个充满曲折和艰辛的艰苦奋斗过程,没有敢试敢闯敢冒风险,不怕困难、不怕挫折、不怕失败的闯劲是不行的,创业者要有走南闯北的勇气和顽强拼搏的精神。综观成功的创业者,他们为了一系列产品持续服务人类,一生坚忍不拔,甚至为了打造一个优秀品牌,整个一生都在奔波劳碌。项羽 24 岁起兵,由于他的大无畏的闯劲和顽强拼搏的精神,仅仅三年,就推翻了强大的秦王朝,自己也走上了成功的巅峰。社会的发展对创业者不断提出新要求,然而创业者最应具备的素质还是创业激情,有创业激情才能不断继续创业。项羽正是靠其内心深处郁积的取代秦朝的激情冲动,打了一个又一个反秦胜仗,后来终于造就了摧毁秦朝主力、推翻秦朝大厦的不世之功。每个创业者内心都应饱含创业激情,创业激情这台"发动机"对创业者的事业成功起着关键作用。创业之路不会一帆风顺,甚至可能是荆棘遍布,创业者如果没有强大的精神力量、没有持久的创业激情,很难度过一个又一个的难关。

图 5-1 农民走上网络创业致富路

3. 要有敢为人先的创业胆略和气魄

项羽创业前期成功,处处展现出他的敢为人先的胆略和气魄。任何一种产业,都要经历从无到有、从小到大的发展历程。有一句话:"在趋势和潮流面前,谁先改变观念谁就把握先机;谁先帮别人改变观念,谁就拥有市场。"第一个到达公园的人往往"理所应当"占有公园的椅子,后来者即使比他还优秀,只能"望洋兴叹",如果势必要抢夺,所付出的代价一定是非常巨大的。先者生存,是当代中国创业者应该首先使用的竞争策略,微小的起点领先,往往会导致后面的机会接踵而至,形成机会富集。一步领先,步步领先;一步主动,步步主动。如果创业者想获得成功,就必须具有"先者"的胆略和气魄,展开"先者生存"的竞争实践。

4. 要确立诚信的创业理念

项羽最讲诚信,以鸿沟为界,引兵东去,回到彭城。是刘邦撕毁协议,挑起楚汉战争。古时经商讲究"秤平斗满不欺人",而如今的市场经济已进入一个法制时代,法制社会对诚信的要求很高。作为一种特殊的资本形态,诚信日益成为企业的立足之本与发展源泉。创业者品质决定着企业的市场声誉和发展空间。不守"诚信",或可"赢一时之利",但必然"失长久之利"。反之,则能以良好口碑带来滚滚财源,使创业渐入佳境。

5. 要具有仁爱天下的胸怀

当年项羽创业前期,一呼百应,将士为之出生入死,就是项羽仁爱胸怀感召的结果。今天,从某种角度看,爱心是创业成功的"催化剂"。惠普创始人戴维·帕卡德提出:"一个企业对社会的责任远远重要于对股东的责任。"这位亿万富翁住在一栋简朴的房子里,却为许多大学和公益基金会捐了无数款项。一位成功人士就曾感叹,有时候花再多的钱做广告,不如多做一些对社会有益的事情,做善事更能起到事半功倍的效果。在竞争日趋激烈的今天,产品和企业的公众形象定位,对创业成功与否起着关键作用。富有爱心,是构成诚实、良好商业氛围的重要因素。也就是说只有将个人的追求和服务与社会集合起来,才能找到成功的信念,才能获得竞争持久的助力。

三、新时代的创业者要善于以古为镜

新时代的创业者,既要汲取项羽前期创业成功的经验,更要吸取项羽后期守成失败的教训,只有这样,才能在创业之路上越走越远。

1.必须组建属于自己的创业团队,形成团队合力

"一个好汉三个帮",没有完美的个人,只有完美的团队。任何成功都不是孤立产生的,要想有所成就,成功创造自己的事业,就必须懂得依靠团队合力。今天做事业要顺应潮流,学会带团队,培训团队,统一思想,统一步伐,只有这样才能做大、做深、做成功。在创业之路上,个人魅力对创业的成与败具有很大的决定作用,但是,就算是叱咤风云的人物,在一些事情面前也会有手足无措的时候,团队的力量在这时就显得特别重要。刘邦是深谙"无为而无不为"之道的,他每每是站在张良、萧何、韩信等巨人的肩膀上,成其无能而有为之功。后期的项羽一向爱"奋其私智",是当时绝对的单打冠军,名副其实的霸王,但他不懂得营造团队、依靠团队,终于断送了自己的事业,成就了对手的成功。团队是具有思考性、主动性和协作性的,它不是人力的简单相加。在合作中,团队一定能够做到1加1大于2的效果,就是我们常说的"化学反应"。比尔·盖茨说:"团队合作是企业成功的保证,不重视团队合作的企业是无法取得成功的。"建设一支有凝聚力的团队,已是现代企业生存发展的一个基本条件。

2.要时刻有危机意识,化危机为转机

永远不变的是变化。人在一种习惯的环境中,会逐渐失去创造力、失去战斗力、失去生命力。孟子云:"生于忧患,死于安乐。"因此,比尔·盖茨总对员工说:"微软离破产永远只有十八个月。"创业者就要有这种危机意识,也要总对自己说:"我离失败永远只有十八个月!"在创业邦年会上,微软全球资深副总裁张亚勤表示:"创业要有好的思维方式,一个是要有危机感,一个是要有批判性思维,不断地去挑战,不断地去争论,才是创新的源泉。"当你自认为成功了,可以高枕无忧了,没有了危机感,创业生涯就会像项羽那样"四面楚歌",千万不要等到危机来临时,你才捧着一本《谁动了我的奶酪》,暗自幽怨。20世纪50年代末期,当时,在底特律的汽车制造商眼中,买外国车的只不过是爱表现的名校大学生而已。因而,美国仍然闭门造车,轻视外国车的设计、制造品质以及对消费者的吸引力。而这时的竞争对手,却通过自己的创新,在汽车行业中展开了一个新的局面。为此底特律丧失了汽车业的盟主宝座,直接或间接地丢掉了4万份工作。没有危机感才是最大的危机,危机和机遇

相伴,时刻发现身边潜在的危机,在逆境中寻找机遇,才能咸鱼翻身,再战江湖。有危机感,运用自己的智慧,开动自己的思维,一定会把危机转化为商机。每一次经济危机之后都会爆出一批新的富翁,一个伟大的创业成功者,对待成就永远都应如履薄冰,战战兢兢。

3. 必须尊重知识,依靠人才

人才是创业成功之本。今天的经济,是科技的经济、人才的经济。激烈竞争的时代,各种实力的角逐与竞争,说到底都是知识和智慧的较量。人才是决定创业成功的第一因素,摆在首要位置。刘邦有一批"一流人才"甘为其"呕心沥血",帮助其成就一番事业,可见"人才"对成功创业的重要性。创业者不仅要能制造产品,更重要的是要会制造人才。创业者要熟悉用人之道,英雄莫问出处,唯才是举,唯才是用。韩信在楚军时,"数以策干项羽,羽不用",后来转投刘邦,起初也是无名,未立寸功,还险些被杀头,是萧何慧眼识才,刘邦大胆起用,"拜大将,乃韩信也,一军皆惊"。创业者,要创大业,成大功,不要吝啬对优秀人才的奖励和表扬,要根据每一位人才自身的能力与特点,将他们安排到最适合也最能够发挥其才的位置。只有这样,才能不断为创业成功提供智力支持,任何忽视人才的创业者最终是不会成功的。

第二节 东方风来满眼春

——创业文化是西楚文化最新的呈现

建市伊始,宿迁就提出了"团结奋进、敢试敢闯、务实苦干、自立自强"的城市精神。在宿迁精神的激励下,新宿迁的建设者们艰苦奋斗,白手起家,不仅为宿迁的长远发展打下了坚实的基础,更为宿迁走上经济社会发展的快车道创造了条件。10年之后,宿迁为了使原有的农耕文化有个颠覆性的转变,进一步实现经济社会的跨越发展,不断增强区域核心竞争力,让一切创新创业的活力竞相迸发,让一切创造财富的源泉充分涌流,开始着力把创业文化打造成区域的主流文化和城市品牌,使创业的欲望融入每个人的生命基因,激发出新的创业热情,催化成新的创业行动。宿迁的创业文化,汲取西楚文化的精华,扬优弃劣,兼收并蓄,融合创新,以更加开放的文化之魂凝聚发展的强劲动力,是西楚文化在新的历史发展时期的全新呈现。宿迁的创业文化,具有以下几个特点。

一、立足理论性,注重创业文化建设的系统化

思想是行动的先导,理论是实践的指南,没有创业文化的完整理论体系,全民创业的实践缺少理论支撑,就会失去灵魂,迷失方向。

宿迁的理论工作者首先以创业的精神,大胆进行理论创新,紧扣富民强市的主题,紧贴后发快进、跨越发展的实际,积极深入全民创业的实践,大胆探索、潜心研究,不断进行理论创新。一是针对什么是创业,为什么要创业,怎样创业,怎样支持和服务创业,什么是创业文化,为什么要建设创业文化,怎样建设创业文化等根本问题,从理论和实践的结合上,做出比较客观的、合理的、有说服力的理论回答。二是站在马克思主义关于物质与意识关系的哲学高度,站在文化生产力本质和文化对于经济社会发展的巨大推动作用的高度,站在落实科学发展观和构建社会主义和谐社会的高度,对创业文化的概念、本质、核心内涵、精神特质,以及建设宿迁创业文化的时代背景、目的意义、目标任务、方法途径、组织措施等一系列重大问题,做出深刻细致的理论阐释。三是解放思想、与时俱进,以马克思主义的实践批判精神和理论勇气,重新审视宿迁本土文化,扬优弃劣,兼收并蓄,融合创新,对传统文化加以提优,对建市以来的创业经验加以提炼,对新时期宿迁精神加以提升,坚持在总结中继承,在创新中升华,在实践中弘扬,以形成继承宿迁历史文脉,体现时代潮流精神,凸显宿迁地域特色,集历史性、现实性、创新性和导向性于一体的,对内凝聚人心、激励奋斗,对外扩大影响、提升形象的宿迁创业文化。宿迁的理论工作者还能够紧跟全民创业实践的步伐,不断总结和丰富内容,努力建成创业文化的完整理论体系,通过创业文化思想理论体系建设,推动百姓创家业、能人创企业、干部创事业的创业实践体系建设。

图 5-2 "创业宿迁"咏唱会

二、突出主体性,体现创业文化建设的人格化

全民创业是富民强市之道,创业文化是全民创业之魂。而创业的主体是人,建设创业文化就必须坚持以人为本,突出人的主体性,体现创业文化建设的人格化。宿迁的创业文化建设把人作为创业的主体和中心,以人作为价值的核心和社会的本位,强调人的发展,强调对人的个性、人的价值、人的尊严的理解和尊重。

1. 体现创业文化的人格化,突出全体人民的物质文化需求

宿迁是欠发达地区,富民强市是全体人民的最高利益和最高追求,而创业则是富民强市的必由之路。建设创业文化的根本目的,就是要通过对本土文化的重新审视,扬优弃劣,兼收并蓄,融合创新,帮助人们实现在思想文化层面上,由认理讷言向明理敏行、守业守成向创新创业、重义轻利向利义并重、大而化之向精心精细的四个转变。树立"工"、"商"皆本,创业光荣的时代意识,确立注重价值、追求财富的价值取向,从而催生创业欲望,激起创业冲动,激发创业热情,为社会创造财富,为人民增添福祉。

2.体现创业文化的人格化,以人为价值核心和社会的本位

在经济社会发展的要素中,人是第一资源,人是生产力中最积极、最活跃的因素。所以全民创业是以人为价值为核心的创业,是以人为社会本位的创业,而不是把人作为创业的工具和手段。通过建设创业文化,努力培养人们体现时代特征的价值观、竞争意识和创造精神,达到了增强区域经济发展内在驱动力和核心竞争力的目的。

3.体现创业文化的人格化,提高人的文化素质

创业是主体创造性的实践活动,只有突出人的发展,全面提高创业者的素质,才能使创业成功。建设创业文化就是要促进人的发展,提高人的素质。一是通过宣传教育,培养人们开拓创新,敢试敢创,排除万难,敢为人先,义无反顾,勇往直前的进取精神,充分激发人们的主体性、能动性和创造性,唤起一股强大的创业激情和勇气。二是通过对创业者进行"创业社会常识"、"创业心理和技能"、"市场经济"、"经营管理"、"公关和交往",以及金融证券、信息技术、招商引资、"法律和税收"等知识培训,全面提升创业者的基本素质和创业综合能力,为创业成功提供理论支撑。三是为全民创业营造良好的舆论环境、政策环境、服务环境、法制环境和人文环境,解除创业者的后顾之忧。

图5-3　参加网创培训成为宿迁青年的新时尚

三、着眼长期性，坚持创业文化建设的持久化

一个区域文化的形成与发展，是一个历史积淀过程，有其一定的规律性。因此，建设创业文化，也是一项长期的战略性任务，必须统筹规划、分步实施，长抓不懈。围绕人们在思想文化层面上实现"四个转变"的目标，宿迁着力抓好以下四个方面的重点工作。

1. 以转变人们的思想观念为首要前提，坚实创业文化建设持久化的思想基础

对建设创业文化的重要性、必要性和紧迫性，做进一步的大张旗鼓的宣传教育，真正使广大干部群众对建设宿迁创业文化入眼、入耳、入口、入心、入脑，以达成共识，引起共鸣，激起共振。自觉克服小富即安，甘于现状，小有积蓄，不思进取，宁愿"入仕为官"，不愿入"市"经商，"只求过得去，不求过得硬"，不是争一流，而是随大流，不是坚持标准，而是降格以求等传统思维方式、落后思想意识和惰性工作作风，营造良好的创业文化思想氛围。

2. 以增强主体的创业技能为根本任务，增强创业文化建设持久化的力量源泉

提升素质教育，坚持从娃娃抓起，促进学生全面发展。深化教育改革，加强创业文化教育，着力培养学生的动手能力和创新能力，使创业精神、创新理念植根于新一代宿迁人的心灵深处，融入每个人的基因，转化为每个人的自觉行动。做强职业教育，强化创业技能培训，尽快实现"就业教育"到"创业教育"的转变，切实加强与创业密切相关的课程教育，全面提升学生的创业基本素质，培养学生创业综合能力。注重岗前培训，对于非在校人员的创业者，要根据其必须具备的素质要求，针对不同的创业岗位，大力加强岗前业务技能培训，使他们能够尽快适应创业需要，早出创业成果，多出创业成果。

3. 以锻炼干部培养特质为关键，造就创业文化建设持久化的主心骨

"政治路线确定之后，干部就是决定因素。"面对新形势、新任务和新要

求,充分发挥创业文化教化人、激励人、感化人、熏陶人的思想保证、精神支撑和道德基础作用,引导各级干部不恋官场走市场,走出机关闯市场,在项目推进的风雨中搏击成长,在招商引资的大潮中接受洗礼,在创新创业中铸就品质,在特定的历史时空中去锤炼提高,着力培育干部以"素质全面、引领潮流"为核心的第三种特质,造就一支具有世界眼光、现代意识、视野开阔、才能全面,懂经济、懂市场,学历层次高、知识面广、言谈举止能够引领时代风尚的干部队伍,使宿迁的干部队伍能够走在时代前列,融入时代主流,成为全民创业的主心骨。

图 5-4 第五届宿迁创业文化节

4. 以创新长效建设和管理机制为基础,增强创业文化建设持久化的制度保障

从政府公平和善治入手,制定鼓励支持创业的政策。市委、市政府先后出台了《关于鼓励全民创业的若干政策意见》、《关于进一步推进全民创业的意见》、《关于加快民营企业扩量升级的意见》等文件,对促进全民创业发挥了重大作用。健全以金融服务为重点的配套服务体系;加大创业软环境建设力度,真正为创业者开辟通路;切实转变政府职能,政府把主要精力和工作重点放到制定政策规范、维护公平竞争、营造创业环境等事关创业全局的公共服务上来。同时宿迁市还建立由市委、市政府统一领导,各地、各部门各司其职,党员干部主动带头,广大群众积极投身,社会各界广泛参与,市委宣传部组织协调,纪、组、宣联合考核的领导体制和协调机制,形成了市、县、乡、村四级联动,各个方面齐抓共管,与经济社会发展目标一起部署、一起落实、一起检查、一起考核的工作机制和工作格局,为创业文化建设提供了坚强有力的组织保证。

从建市初期"团结奋进、敢试敢闯、务实苦干、自立自强"的宿迁精神提炼,到"生态为归宿,创业求变迁"的城市精神打造;从"我能我行我成功、创新创业创一流"的宿迁气质的重塑,到"迈上新台阶、建设新宿迁"发展定位的确立,充分体现了宿迁人不断地从西楚文化中汲取营养,并在创业实践中给予升华和提升,成为自己在新的历史发展阶段中实现更大目标的一种精神力量。

为了传承西楚文化、培育创业文化,宿迁人给自己打造了两个专属于自己的节日,即西楚文化节和创业文化节。西楚文化节成功荣获"中国最负盛名文化艺术节"荣誉称号,已成为展示宿迁、宣传宿迁、推介宿迁的重要途径,成为弘扬地方优秀文化、培育壮大文化产业、加快建设文化强市的重要抓手,成为广交天下朋友、诚邀四海客商的重要载体。特别是文化节期间举办的各类活动,诸如唱响西楚——宿迁市原创歌曲大奖赛,欢乐西楚——文化大巡游活动,灿烂西楚——群艺大舞台文化调演等,更使文化节变成了百姓的节日、文化的盛宴。而连续10年每年在11月1日举办的创业文化节,则让人们能够更深入、更深刻地了解和理解创业文化的实质内涵与精髓,在活动中受到教育、启发心智,极大地转变了人的思维观念,催生人们弘扬永不满足的创业精神。如2011年的创业文化节以"全民总动员、创业在宿迁"为主题,在为期三天的创业文化上,"创业嘉年华——全民创业成果展销会"、"创业面对面——宿迁财富论坛"、"创业群英会——'赢在宿迁'2011青年精英创意创新大赛"、"创业技能秀——全市职业学校技能大赛"、"创业金点子——面向全国有奖征集创业项目"、"金种子"网络创业大赛等活动,让创业激情在更多宿迁人的胸间回荡。来自全市各地的"草根创业者"们成为耀眼的明星,表彰、讲演、交流、竞赛,各种与创业和创业文化有关的思想观点相互撞击、融合,使群众对创业文化的认识得到进一步升华,一批富有新意、具备可行性的创业创意由此诞生。创业文化节,已经成为激励宿迁人激情创业的冲锋号。在一次又一次的进军冲锋中,不断拿下一个又一个新的创业阵地。

第三节　追梦路上展宏图

——创业文化使宿迁走上了跨越发展的快车道

宿迁是 1996 年 7 月经国务院批准新设立的一个地级市,下辖沭阳县、泗阳县、泗洪县、宿豫区、宿城区以及宿迁经济开发区、市湖滨新区、苏州宿迁工业园区、市软件与服务外包产业园和市洋河新区。当时全市总人口 555 万,面积 8555 平方公里,分别为全省的第 6 位和第 4 位。

地级宿迁市是在原来的 4 个"省级贫困县"、"计划生育落后县"、"信访重管县"、"社会治安综合治理末位警示县"的基础上组建而成的,经济基础很差,社会事业薄弱,基础设施滞后,各方面困难很多,几乎是两手空空、一穷二白。建市之初的情况可以用"三句话"来概括,即经济社会发展基础差、中心城市建设起点低、基础设施配套底子薄。

经济社会发展基础差。在全省 13 个地级市中"三农"比例最高、比重最大,第一产业比例高达 47.7%。淮安、宿迁分设后,原来长期形成的大工业基础和优质社会事业资源都留在了淮安市,宿迁在全省工业化水平最低、进程最慢,社会事业非常落后。1996 年,全市地区生产总值仅占全省的 2.08%,财政总收入仅占全省的 1.79%。

中心城市建设起点低。中心城市是在原县级宿迁市的基础上建立的,仅是一个夹在古黄河和京杭大运河之间 12 平方公里、14 万人口的小县城。如果骑着自行车来"量",转一圈下来只需要 15 分钟。全市的城市化率仅为12.5%,整个中心城市连下水道都没有,还经常渗水渗电,是一个典型的"无城之市、无市之市"。

基础设施配套底子薄。宿迁不沿江、不沿海、不沿铁路线,建市时境内仅有几条国、省干道经过,总里程仅有 490 公里,且道路破损严重,高速公路和一级公路为"零",县乡道路 50%为砂石路,乡村道路大都为土路,晴天尘土飞扬、雨天泥泞难行,被本地人称为"水泥路",外地人称之为"车子跳、宿迁到","宁愿绕一天,不愿经宿迁"。

建市以来,在省委、省政府的正确领导和关心支持下,全市广大干群立足"基础差、底子薄、实力弱、矛盾多"的基本市情,抢抓区划调整历史机遇,艰苦创业,开拓进取,经济社会发展取得了巨大成就。

一是综合实力明显增强。2014 年全市实现地区生产总值 1930.68 亿元,比上年增长 10.8%,是建市初的 14.5 倍,年均增长 13%。全市人均 GDP 达40000 元,折合 6506 美元。14 项经济指标增速位居全省前三,其中地区生产总值、规模以上工业增加值、固定资产投资、社会消费品零售总额、进出口总额和出口总额、金融机构人民币存款余额和贷款余额、城镇居民人均可支配收入和农民人均纯收入等 10 项指标增速位居全省首位。全市实现财政总收

图 5-5　坐落在宿迁市宿豫区的中国最大的自营式电商企业——京东商城

入 438.5 亿元,比上年增长 14.8%。实现公共财政预算收入 210.1 亿元,增长 13.5%。公共财政预算收入在全国 333 个地级市排名由建市初期的垫底位置,跃升到第 60 位。经济学界普遍流行的强者愈强、弱者愈弱的"马太效应",在宿迁成了反例。

二是产业结构不断优化。三次产业比例由建市之初的 47.7∶30.8∶21.5 调整为 13.0∶48.4∶38.6,产业结构由"一、二、三"转变为"二、三、一",实现了由农业主导型向工业主导型的历史性跨越。全市规模以上工业增加值增速连续 7 年位居全省第一,"中国玻璃"、"洋河股份"、"秀强股份"、"双星新材"、"箭鹿股份"等 5 家企业成功上市,首发平均募集资金位居全省第一。粮食生产保持 10 年连增,高效农业、高效渔业面积占比分别达 49.1%、62.8%。金融机构贷款余额达 1483.1 亿元亿元,在全省率先实现村镇银行市域全覆盖,农村小额贷款公司总数居苏北第一、全省第三。

三是城乡面貌显著变化。中心城市规划区面积扩大到 2108 平方公里,是建市初的 11.7 倍;城市基础设施到位的城区规模扩大到 220 平方公里,是建市初的 16.6 倍;建成区面积达 68 平方公里,是建市初的 5.4 倍,相当于再造 5 个宿迁城;城市人口达到 70 万,是建市初的 5 倍,全市城市化率由建市之初的 10.1%提高到 50%。以交通为重点的基础设施建设快速推进,全市高等级公路从零起步,总里程达到 476 公里,农村公路总里程达 9605 公里,是建市之初的 3 倍,全面实现县县通高速、村村通水泥路和公交车,区位封闭、交通落后的状况得到了根本改观。水利、电力、通讯等基础设施大大改善,充分满足并适度超前于经济社会发展需求。

四是民计民生持续改善。2014 年,全市各级财政对民生投入达 234.3 亿元,是建市初的 70 倍,占财政一般预算支出的 67.8%,位居全省第一。城镇居民人均可支配收入、农民人均纯收入平均保持两位数以上增长。率先在苏北实现新型农村养老保险全覆盖,新型农村合作医疗参合率、城镇居民医疗保险参保率均超过 98.4%,城市住房困难家庭全部纳入住房保障。全市义务教育普及率达 100%,初中毕业生升学率连续 6 年位居苏北第一。医疗服务价格连续 9 年保持平稳并有所下降。连续多年被省委、省政府评为"社会治安全全市"，公众安全感和社会治安满意度持续多年位居全省第一。

五是区域形象全面提升。经过多年的发展，宿迁已由一个相对封闭落后的农业大市，初步成长为长三角地区重要的新兴工商城市、现代滨水城市、生态宜居城市和创新创业城市，对外知名度、美誉度得到提升，影响力和辐射带动力明显增强。宿迁先后获得中国优秀旅游城市、全国卫生城市、国家园林城市、全国双拥模范城市、中国金融生态市以及中国改革开放 30 年优秀集体、全国文化体制改革先进地区等荣誉称号，连续多年被评为"浙商最佳投资城市"，并被联合国环境规划署认定为环保节能新型示范城市。2014 年文明创建高分通过省级验收，并直接晋升全国提名文明城市。2010 年，宿迁荣膺"中国创业之城"的称号。

仅仅过去不到 20 年，这个在建市初期"人均财政收入还不如西藏"的宿迁，以"宿迁速度"实践了"宿迁突破"，历练了"宿迁精神"，积蓄了"宿迁力量"，创造了"宿迁奇迹"。这些年来，宿迁走了一条艰苦创业之路，走了一条改革创新之路，走了一条争先创优之路，走了一条和谐发展之路，实现了经济与民生的"双起飞"。① 宿迁的改革创新闻名全国。"干部任前公示"、"公开选拔干部"，这一在全国推开的用人制度改革就源于宿迁；把非农建设补充耕地指标和城镇新增建设用地指标分别制成红、绿两种地票，实行市场化调剂的"地票交易"机制同样源于宿迁；将财政奖补资金转化为"有价证券"发给企业，变事前拨付为事后兑现的科技"创新券"制度还是源于宿迁。② 宿迁人民在创业文化的感召下，以自己的务实苦干和顽强拼搏，描绘了一幅"洼地崛起"、"后发快进"的宏伟巨制。

宿迁快速发展的成功经验，主要体现在以下几个方面。③

---

① 参见朱陆、孙正龙《新宿迁之路》，江苏人民出版社 2011 年版。
② 参见华卫列、郭奔胜、叶超《起飞，一座城市的别样成年礼》。新华江苏网：http://www.js.xinhuanet.com/2014—07/02/c_1111429026.htm。
③ 参见缪瑞林《激发内生动力，谋求跨越突破——在甘肃省市主要领导干部研讨班上的经验介绍报告》，2012 年 3 月。

一、高举解放思想大旗，坚定不移推进改革创新

解放思想是改革创新的先导，改革创新是解放思想的外化。宿迁之所以能够走出困境、加快发展，得益于持续不断地推进改革创新。是改革，打破了封闭保守观念的束缚，使人们从思想观念、工作方式、行为习惯到体制机制都发生了根本变化；是改革，创造了宿迁市场竞争的赛场，让一切创造财富的源泉充分涌流，一切创业发展的激情充分迸发。

应该说，宿迁的改革是被逼出来的。建市之初，宿迁发展的基础差、底子薄、困难多，财政收入低，可用财力少，只能维持政府的基本运转，有时连机关事业单位发工资都要东拼西凑，是典型的吃饭财政，政府根本无力投入经济建设和社会事业发展。不改革就没有出路，不改革就没有希望。面对这样一个局面，宿迁充分利用省委、省政府赋予的"在不违背国家政策法规的前提下，允许和支持宿迁市采取比其他地区更加灵活的政策"的特殊政策，大胆创新，勇于突破，全面推进各个领域、各个层面的改革创新。

在教育上，宿迁按照"以人为本、教育为先、成才为根、创业为要"的发展理念，实行"一保三放开"为核心的教育改革，即政府确保义务教育健康快速发展，全面放开学前教育、高中教育和职业教育，努力走出一条穷市办强教育、富教育、大教育、人民满意教育的发展路子。一方面，政府加大教育特别是义务教育的投入力度，使义务教育阶段学校特别是农村中小学办学条件得到迅速改善，实现了"农村最好的建筑在学校、最美的环境是校园"的美好愿景。仅"十一五"期间，全市教育总投入就达 190.8 亿元，其中财政预算内投入121.2 亿元，占一般预算支出的比例达 23.9%。另一方面，放手让社会资金、外来资本进入教育领域，像大办公办教育那样大办民办教育，大力实施引进名校、名师、名生的"三引进"工程，民办教育事业得到了迅猛发展。同时，宿迁全面推进职业教育的快速发展，全市中等职业学校发展到 20 所，在校生10.3 万人，占全省比重由 2002 年的 1.6% 上升到 11%。针对宿迁高等教育空白的状况，创新办学机制，从 2002 年起，采取"省市共建、八校联建、合作办

学、公办民营"模式,由市政府和苏州大学、扬州大学、南京师范大学等八所重点高校共同出资建设宿迁学院,实现了高等学校零的突破。2014年宿迁学院经教育部批准为独立本科院校。目前,学院占地97.6公顷,专职教师737人,在校生1.5万人,其中本科生达1.3万人,为宿迁发展培育了一大批留得住、用得上的高层次人才。

在医疗卫生上,在保证公共医疗卫生公益性的基础上,按照"管办分开、医防分设、医卫分策"的原则,坚持政府主导和市场机制相结合,积极推进医疗卫生事业改革。政府投资兴建的宿迁市第一人民医院是一家三甲公立医院,这对于优化医疗资源结构,提升医疗卫生服务整体水平,影响和带动各类医疗机构良性发展将发挥较好的作用。

在行政管理改革上,建市之初,宿迁就坚持按照"小政府、大社会"的原则,严格控制机关事业系统编制和人员,严格控制领导干部职数。同时,积极支持沭阳县进行省管县改革,加快中心城区管理体制和运行机制创新,使市辖的宿豫区、宿城区同样享受县一级的经济管理权限,并把宿迁经济开发区、市湖滨新区、市软件与服务外包产业园和市洋河新区当作相对独立的经济社会发展主体来看待,充分调动基层在发展中的积极性、主动性和创造性。按照"执行政策就宽不就窄、必收费用就低不就高、审批程序就简不就繁"的要求,建立健全行政审批事项动态清理机制,在全省及淮海经济区动态保持审批项目最少、综合收费最低、办结时限最短,着力打造"政策最宽松、手续最简便、时间最快捷、服务最优质、成本最节约,服务过程零障碍、服务方式零距离、服务质量零缺陷、服务事项零积压、服务效能零投诉"的"五最五零"政务服务环境。现在,宿迁将市级行政审批事项由193项压减为57项,成为全国行政审批保留项目最少的地级市。2014年,宿迁又启动资格资质去行政化改革,清理出569个资格资质事项,其中421项的考试鉴定下放给社会。同时,在全国率先实施"四证(照)一体"改革。

创新督查机制,构建起"大督查"格局。按照"一套班子、多块牌子,整合资源、形成合力"的思路,整合市委督查室、市政府督查室、市软建办、市目标办等"两办两室"的力量,成立市委、市政府督查室,负责市委、市政府重大决策、重要工作、重点项目等督查考核，充分赋予参会阅文、组织协调、直接汇报、绩效考核、通报曝光、直接查办、干部任用建议、奖励惩处建议等 8 项职权，并直接对市委、市政府主要领导负责。

创新民意表达和干群交流方式，积极探索民主政治建设新途径。在 2006年开通"绿都博客"的基础上，近年来又创建了网络问政平台，将政府部门、直属单位、特设机构和派出机构、垂直管理部门全部纳入网络问政单位，建立了网络问政受理回复流程、时限要求、交办督查、网络发言人等制度，形成了"上下成线、左右成网"的问政格局，实现了政府与公众之间"零距离交流、零鸿沟握手"。"鼎鼎有民"网络平台成为政府与群众之间的一条全媒体沟通渠道、深受地方群众的欢迎。由新浪网、微博网和宿迁市人民政府联合举办的"中国政务微博论坛——路在何方"高层论坛，连续两届在宿迁举办。

总体来说，宿迁建市 19 年的历史，就是解放思想、改革创新的历史，就是大胆探索、寻求突破的历史。通过改革创新，宿迁全市上下逐步摒弃计划经济的思想观念，冲破体制机制的束缚，学会用市场经济观念和方法来研究问题、分析问题、解决问题，取得了一系列的丰硕成果。

二、全力以赴招大培强，加快推进新型工业化进程

建市之初，宿迁工业几乎没有什么基础，更谈不上产业体系。到 1998年，全市规模以上工业企业只有 340 家，规模以上工业增加值仅为 22.4 亿元，规模以上工业企业平均固定资产净值仅为 295 万元。可以说，宿迁经济发展落后，主要落后在工业上；经济总量小，也主要小在工业上。宿迁市的决策者们认为：工业化是现代化的核心、城市化的内涵、农业产业化的动力、社会文明化的灵魂，也是改变农业社会特征的助推器和大熔炉，是宿迁发展不可逾越的阶段。没有工业化突破，就没有宿迁发展的突破。因此，抓发展首先要抓工业，重点是要抓项目。

在实际工作中，宿迁始终把加快新型工业化进程作为经济社会发展的"火车头"、"生命线"。按照"全员招商、专业跟进、主帅出征"的工作要求，市

级领导班子成员亲自上阵、带头招商,市党政领导班子成员根据工作分工分别牵头负责一个招商协作组,并定期对各协作组的招商实绩进行考核通报,年终兑现奖惩,坚决不讲情面、不打和牌;各地、各部门主要负责同志作为第一责任人,勇挑重担、冲锋在前,其他干部广泛联系、主动出击,全力营造"没有任何与招商引资无关的人、没有任何与招商引资无关的事"的浓厚氛围,形成了言必谈招商、行必为招商和人人参与招商、人人服务招商的良好局面。为提高招商引资工作的组织化程度,市委、市政府成立了市招商引资工作领导小组,由主要领导亲自担任组长,负责研究制定全市招商引资的总体战略、工作重点、目标任务,并直接组织实施。招商引资考核中心设在各市县(区)委组织部,投资服务中心设在商务局,帮办服务考核中心设在纪委,以便与干部的考核、管理、监督直接挂钩。近年来,宿迁根据形势发展变化,还逐步推进招商引资向招商选资转变,实行专业招商、全员招商"双轨并行",引进项目的层次不断提高,考核的起点也不断提高,并对大项目引进和实际到账外资完成情况实行"一票否决"。通过努力,娃哈哈、蒙牛、长电科技、恒力集团等国内大企业以及可成科技、尼吉康电子等国际知名企业都已在宿迁安家落户。

在大力推进招商引资的同时,宿迁还积极培植本土企业发展壮大,给予本土企业与外来的招商引资企业同等待遇,凡本土企业在本地增加投资、扩大产能,对新增部分视同招商引资企业给予政策扶持。"秀强股份"、"双星新材"、"箭鹿股份"等就是由本土中小企业成长壮大起来的大型上市企业。

三、科学统筹城乡发展,全力加快新型城镇化进程

城镇化是经济社会发展的历史过程,是一个区域发展水平的重要标志。城镇化进程不是简单地增加多少城市人口、扩大多少城区面积,而是通过人口增加和面积扩大,逐步提高中心城市辐射带动能力,其更深层次的目的是实现以城带乡、城乡互动、一体发展的格局。在实际工作中,宿迁始终坚持新型城镇化的发展方向,着眼破除二元结构,统筹城乡发展,制定出台了一系列

政策文件,在城乡规划、城乡产业发展、城乡公共服务、城乡基础设施、城乡管理体制等方面,探索建立了有利于统筹城乡发展的体制机制和政策体系,构建了以中心城市为核心、三个县城为纽带、重点中心镇为节点、农民集中居住区为基础的城乡发展一体化新格局。

在推进城镇化的进程中,宿迁针对中心城市发展起步迟、历史欠账多、功能配套落后、辐射能力很弱的特殊情况,把中心城市建设作为加快新型城镇化进程的重中之重、要中之要,坚持政策优先倾斜,项目优先布点,要素优先保障,举全市之力建设中心城市,切实提高中心城市在区域城市群中的首位度。按照"打开通道、拉大框架、扩大载体、富集要素"的总体要求和"北扩西进、南拓东延"的发展思路,大力实施"基础先行"和"城镇带动"战略,全面加快城市基础设施建设。特别是在打开对外通道方面,大力实施以交通为龙头的"东向西进"战略,勒紧腰带办交通,自掏腰包搞建设,彻底改写了宿迁没有高等级公路、没有铁路的历史,并对接高铁、机场,建立"虚拟高铁站"和"虚拟空港"。现在,徐宿淮铁路项目已经于 2015 年开工建设,将与京沪高速、宁宿徐高速、徐宿淮高速、新长铁路一道,构筑起宿迁策应沿海开发、对接京沪高铁、融入长三角经济圈的现代交通体系。

宿迁始终把坚持以人为本、促进人口集聚作为推动城镇化的基本方向,牢固树立"镇当市建"理念,加快推进重点小城镇和特色小城镇建设。

四、大力弘扬创业文化,充分激发全民创业热情

宿迁发展的内生动力,不仅仅是物质和制度机制层面上的进步,还来源于文化上的支撑支持。对发展中地区来说,关键是要激发人们内心涌动的致富渴望和创业冲动。

在创业文化宣传的声势和力度上,力求做到报纸天天有文字,电视天天有图像,广播天天有声音,网络天天有内容,民间天天有议论,多形式、多角度、多途径地进行引导教化和熏陶。广泛开展"创业培训月"、"创业技能大赛"、"创业之星"评选等活动,连续 10 年在 11 月 1 日举办创业文化节,在新闻

媒体开辟了创业课堂、创业文化 ABC、创业之路、创业故事会等栏目，推动创业文化"进校园、进农村、进社区、进企业"，努力让创业文化浸入宿迁人的心灵深处，成为每一位宿迁人的文化"基因"。

图 5-6　宿迁市人民广场

在制度和政策上，注重推动创业文化向创业实践转变，创业实践向创业经济发展，专门制定了《关于进一步推进全民创业的意见》、《关于加快民营企业扩量升级的意见》等文件，进一步降低创业门槛，减轻税费负担，加大资金技术扶持，提供规范优质服务，保护和激励创业行为。全市设立总额 1 亿元以上的各类创业发展资金，专门用于创业培训、初次创业补贴、创业租金补贴、创业贷款贴息、创业孵化基地建设和创业文化建设、创业型城市创建等，引导和鼓励更多的群体参与到创业大潮中来。

在推动全民创业的实践中，大力推广"三来一加"（来料加工、来样定做、来件装配、农副产品包装加工）、"创业行动村村行"、"一村一品一店"等全民创业模式，加快发展高效农业和就地加工型工业，做到村村有项目、户户有就业、人人有事干，引导广大群众从农副产品加工中获益、在打工中赚钱、在经商中致富。通过多年来的探索实践，全市全民创业的氛围日益浓厚，活力竞相进发，成果大量涌现，逐步形成具有鲜明宿迁特色、多样活动载体、高效服务手段和丰富文化内涵的创业文化体系。如今，全民创业已在全市风生水起、蔚然成风，各类发展主体和创业队伍不断壮大，形成了千方百计谋创业、千辛万苦去创业、千军万马兴创业的生动局面。实践证明，宿迁的创业文化既是对"创业创新创优、争先领先率先"的新时期江苏精神的生动诠释，也是宿迁发展实现更大突破的必然选择。

五、始终强化作风建设，培养锻造高素质的干部队伍

宿迁干部来自五湖四海、四面八方，观念多元、风格多样。经过长期坚持不懈的干部思想作风建设和工作实践砥砺磨炼，宿迁干部逐步形成了"三种鲜明特质"：艰苦奋斗，顽强拼搏；锐意改革，勇于创新；素质全面、引领潮流。

宿迁始终把教育培训作为干部队伍建设的先导工程来抓，坚持以创建学习型机关为抓手，大力推行"能力提升工程、理论先导工程、知识更新工程、现代素养培育工程"等四大工程，努力提高各级干部推动科学发展、驾驭复杂局面、做好群众工作的能力和水平。坚持把推进机关作风建设和效能建设作为一项永不竣工的工程来抓，坚持不懈地加强软环境整治，促进各级干部工作作风的转变和办事效率的提升。

城市因文化而兴。是西楚文化、创业文化的支撑力，助推了宿迁的大突破、大发展、大跨越。进入青春期的宿迁，迎来了一个新的历史发展时期，迎来了共筑中国梦的伟大时代。有梦想就有希望，有信念就有力量。我们相信在不远的将来，长三角地区一个重要的新兴工商业城市、现代滨水城市和创新创业城市，一定会出现在古老而年轻的西楚大地上。

参考文献

[1] (汉)司马迁.史记[M].(宋)裴骃,集解,(唐)司马贞,索隐,(唐)张守节,正义.北京:中华书局,1999.

[2] (汉)班固.汉书[M].(唐)颜师古,注.北京:中华书局,1999.

[3] (汉)刘安.淮南子[M].诸子集成(第七册).北京:中华书局,1954.

[4] (南朝宋)范晔.后汉书[M].(唐)李贤,等注.北京:中华书局,1999.

[5] 刘殿爵,等.大戴礼记逐字索引[M].香港:商务印书馆,1992.

[6] 许嘉璐.二十四史全译[M].北京:汉语大词典出版社,2004.

[7] 王利器.史记注译[M].西安:三秦出版社,1996.

[8] 张大可,等.史记研究集成[M].北京:华文出版社,2003.

[9] 王立群.王立群读《史记》之项羽[M].重庆:重庆出版社,2007.

[10] 张大可.史记新注[M].北京:华文出版社,2000.

[11] 曹秀明,岳庆平.项羽研究[M].第一辑.南京:凤凰出版社,2011.

[12] 岳庆平,等.项羽研究[M].第二辑.南京:江苏人民出版社,2013.

[13] 郭沫若.金文丛考[M].北京:人民出版社,1954.

[14] 姜亮夫.楚辞学论文集[M].上海:上海古籍出版社,1984.

[15] 杨伯峻.春秋左传注[M].北京:中华书局,1981.

[16] 童书业.春秋左传研究[M].上海:上海人民出版社,1983.

[17] 童书业.中国古代地理考证论文集[M].北京:中华书局,1962.

[18] 萧兵.楚辞文化[M].北京:中国社会科学出版社,1990.

[19] 顾铁符.楚国民族述略[M].武汉:湖北人民出版社,1984.

[20] 刘和惠.楚文化的东渐[M].武汉:湖北教育出版社,1995.

［21］李清泉.李清泉解读英雄项羽［M］.南昌：江西人民出版社，2011.

［22］程芳银.英雄项羽评传［M］.北京：中国文史出版社，2012.

［23］宁业高，夏国珍.虞姬评传［M］.合肥：安徽人民出版社，2012.

［24］李平心.李平心史论集［M］.北京：人民出版社，1983.

［25］徐旭生.中国古史的传说时代［M］.增订本.北京：文物出版社，1985.

［26］宿迁市宿豫区文广新局［M］.项羽传说.2012 印制.

［27］徐华.秦汉西楚地域范围考辨."项羽文化网·项羽研究·西楚研究"，http：//wh.xiangyu.cc/research/c/350.shtml.

后记

为深入贯彻落实党的十八大和十八届三中、四中、五中全会精神,习近平总书记系列重要讲话精神,特别是视察江苏重要讲话精神,推动江苏文化建设迈上新台阶,由省社科联牵头,各省辖市社科联组织联系相关专家学者,历时近两年,编撰《江苏地方文化名片丛书》。丛书以省辖市为单位,共分 13 卷,每卷重点推出该市一张具有代表性的文化名片,全面阐述其历史起源、发展沿革、主要内容和当代价值等,对于传承江苏地方文化精粹,打造江苏地方文化品牌,塑造江苏地方文化形象,具有积极的推动作用。

省委常委、宣传部部长王燕文高度重视丛书的编撰工作,担任丛书编委会主任,给予关心指导,并专门作序。省委宣传部副部长双传学,省社科联党组书记、常务副主席刘德海,党组副书记、副主席汪兴国,党组成员、副主席徐之顺担任编委会副主任。各市市委常委、宣传部部长和省委宣传部理论处处长李扬担任编委会委员。刘德海担任丛书主编,全面负责丛书编撰统筹工作,汪兴国、徐之顺担任丛书副主编,分别审阅部分书稿。省社科联研究室原主任崔建军担任丛书执行主编,具体负责框架提纲拟定和统稿工作。陈书录、安宇、王健、徐宗文、徐毅、朱存明、章俊弟、尹楚兵、纪玲妹、许建中、胡晓明、付涤修、常康参与丛书统稿。省社科联研究室副主任刘西忠,工作人员朱建波、李启旺、孙煜、陈朝斌、刘双双等在丛书编撰中做了大量工作。

《宿迁西楚文化》卷由中共宿迁市委常委、宣传部部长赵正兰担任主编,周长胜、陈法玉任副主编,宿迁市社科联组织专家编撰。具体分工:陈法玉负责绪论和第五章的写作,并承担编制详细写作大纲、拟定章节标题和统稿的任务;程芳银负责第一章和第四章的写作;王冬负责第二章和第三章的写作,并承担图片采集和版面编排工作。

省新闻出版广电局、各市委宣传部、市社科联对丛书的编辑出版工作给予了大力支持。值此，谨向各有关部门、专家学者和南京大学出版社表示衷心的感谢！由于时间较紧，编撰工作难免疏漏，恳请批评指正。

2015 年 12 月